Gudrun Perko
Diskriminierungskritische Mediation und Konfliktbearbeitung

Gudrun Perko

Diskriminierungskritische Mediation und Konfliktbearbeitung

Grundlagen, Mediationsverfahren, Methoden und Beispiele aus der Soziale Arbeit und dem Erwachsenenbildungsbereich

BELTZ JUVENTA

Die Autorin

Gudrun Perko, Dr. , Mag. a., Philosophin, Professorin für Sozialwissenschaften mit den Schwerpunkten Gender, Diversity und Mediation an der Fachhochschule Potsdam (Fachbereich Sozial- und Bildungswissenschaften). Mitbegründerin des Institutes "Social Justice und Radical Diversity", Mitentwicklung der Erwachsenenweiterbildung "Social Justice und Diversity". (www.institut-social-justice.org)

Dieses Buch ist erhältlich als:
ISBN 978-3-7799-7920-3 Print
ISBN 978-3-7799-7921-0 E-Book (PDF)
ISBN 978-3-7799-8063-6 E-Book (ePub)

1. Auflage 2024

Herstellung: Hanna Sachs
Satz: xerif, le-tex
Druck und Bindung: Beltz Grafische Betriebe, Bad Langensalza
Beltz Grafische Betriebe ist ein klimaneutrales Unternehmen (ID 15985–2104-100)
Printed in Germany

Weitere Informationen zu unseren Autor:innen und Titeln finden Sie unter: www.beltz.de

In Liebe und Freundschaft gewidmet:

Leah Carola Czollek und Hakan Gürses, die sich seit über dreißig Jahren auch den sich immer wieder ändernden Herausforderungen der Erwachsenenbildung und politischen Bildung stellen.

Inhalt

Einleitung

Krisenhafte Zeiten und die Pluralisierung demokratischer Gesellschaften erhöhen das Konfliktpotential. Gleichzeitig nehmen *Diskriminierungsrealitäten* und damit verbunden *Diskriminierungserfahrungen* auch in der Bundesrepublik zu, die Menschen bzw. soziale Gruppen in Form von Antisemitismus, Rassismus, Homo- und Transfeindlichkeit, Sexismus, Klassismus etc. erleben. Zudem verhärten sich *Diskriminierungsdiskurse*, die von Personen selbst geführt werden, welche von Diskriminierung getroffen sind. Auswirkungen dieser verschiedenen Dimensionen sind in Bereichen der Sozialen Arbeit und im Erwachsenen(weiter)bildungsbereich im Auftreten von Diskriminierungskonflikten zunehmend und verstärkt bemerkbar. Um mit ihnen umgehen zu können, bedarf es neuer Methoden.

Mit dem Buch *Diskriminierungskritische Mediation und Konfliktbearbeitung*, das theorie-konzeptionelle Grundlagen zu Diskriminierungskonflikten und Machtdynamiken, schwerpunktmäßig das *Diskriminierungskritische Mediationsverfahren nach Czollek/Perko* und Mediationsbeispiele, aber auch Konfliktlösungsbeispiele aus dem Erwachsenenweiterbildungsbereich „Social Justice und Diversity“ enthält, wird dieser Herausforderung erstmalig im deutschsprachigen Raum Rechnung getragen.

Die Unvereinbarkeit im Denken, Fühlen und Wollen als Definition eines Konfliktes zwischen den Akteur*innen können sich durch Diskriminierungsrealitäten, eigene Diskriminierungserfahrungen sowie durch aktuell oft unversöhnlich und polarisierend geführte Diskriminierungsdiskurse verdichten. Sozialarbeiterische Teamarbeit und die Arbeit mit Gruppen im Erwachsenen(weiter)bildungsbereich werden dadurch erschwert, zuweilen verunmöglicht. „Vergessen“ wird mitunter, dass themenbezogenes Arbeiten mit Gruppen mehr als herausfordernd ist. Aus dem Blick gerät nicht selten ein gesellschaftlicher Raum, in dem Diskriminierungsrealitäten strukturell verankert, Bedrohungsszenarien real sind und in dem die dringliche Notwendigkeit besteht, solidarisch gegen jede Form von Diskriminierung aufzubegehren. Diesen Handlungsbedarf zu vermitteln und Antidiskriminierungskonzepte zur Verfügung zu stellen, ist nicht Aufgabe der Mediation. Doch können mit ihrer Unterstützung Diskriminierungskonflikte mediatorisch oder durch das Heranziehen von Elementen dieser Mediation gelöst werden, um wieder gemeinsam arbeitsfähig zu sein und bestenfalls wieder handlungsfähig zu werden.

Das vorliegende Buch wird aus einer konzeptionell-theoretischen und philosophischen Perspektive geschrieben, aber auch aus Perspektiven praktischer Erfahrungen als Professorin an der Fachhochschule Potsdam (Fachbereich

Sozial- und Bildungswissenschaften), verankert in verschiedenen Arbeitsbereichen der Sozialen Arbeit, als langjährige Gleichstellungsbeauftragte und Antidiskriminierungsbeauftragte an dieser Hochschule, als Ausbildner*in in der diskriminierungskritischen Erwachsenenweiterbildung „Social Justice und Diversity" und als Mediatorin. Diese unterschiedlichen Erfahrungen ermöglichen, verschiedene Sichtweisen und damit gleichzeitig einen besonderen Blick auf Diskriminierungskonflikte einzunehmen.

Welche Inhalte bietet das Buch?

Um einen Einblick über die Komplexität der Thematik gewinnen zu können, werden im Kapitel (1) Grundlagen zu *Diskriminierungskonflikte und Machtdynamiken* diskutiert. Dabei wird zunächst der Begriff Diskriminierungskonflikte als Konflikte, in denen Diskriminierung eine wesentliche Rolle spielen, etabliert und nach dem Verhältnis von Konflikten und Diskriminierung sowie Machtdynamiken gefragt. Die Vorstellung verschiedener Konfliktthemen veranschaulicht, um welche Diskriminierungskonflikte es konkret gehen kann, bei denen zunehmend Gefühle und Emotionen eine wesentliche Rolle spielen.

Darauffolgend werden im 2. Kapitel *Prämissen der Diskriminierungskritischen Mediation* die Kompetenzen beschrieben, die für die Anwendung des Diskriminierungskritischen Mediationsverfahrens notwendig sind und die über Anforderungen von existierenden Mediationskonzepte hinausgehen: die Haltung (Machloket, affirmativer-transformativer Ethos), das Wissen (Diskriminierungswissen, strukturelle Verankerung von Diskriminierung und Diskriminierungsrealitäten im Kontext von Machtdynamiken, historisch-gesellschaftlicher Kontext des Konfliktes, Bedeutung der systemisch-strukturellen Bedingtheit des Konfliktes) sowie das Können, also diskriminierungskritische Methoden und Techniken (wie u. a. Perspektivenwechsel, Perspektivenvielfalt, Perspektivenverschiebung, Diskriminierungsmatrix und Systemischen Intersektionalität, Diskriminierungsdiskurse im Konfliktraum).

Danach erfolgt im 3. Kapitel die Beschreibung des *Diskriminierungskritischen Mediationsverfahrens nach Czollek/Perko*. Dieses Verfahren wurde erstmals von Leah Carola Czollek und Gudrun Perko (2006) entwickelt und in einem Artikel veröffentlicht. In dem vorliegenden Buch wird es umfänglicher entlang von sieben Stationen des Verfahrens konkretisiert. Im Vergleich zu existierenden Mediationsverfahren sind dabei folgende Fokussierungen neu, die besondere Kompetenzen der Mediator*in erfordern: u. a. Konflikte im historisch-gesellschaftlichen Kontext mit Blick auf Diskriminierung und Diskriminierungsstrukturen wahrzunehmen, die systemische Eröffnung des Konfliktraumes hin zur Gesellschaft zu ermöglichen und ein Verbündet-Sein der Konfliktparteien zu intendieren. Dabei konzentriert sich die Mediation auf Diskriminierungskonflikte, wobei zur Veranschaulichung hier ein erstes Mediationsbeispiel entlang der sieben Stationen beschrieben wird. In diesem Kapitel werden ferner die Ziele der Mediation und themen- und handlungsbezogene Selbstreflexion der Mediator*in dargelegt. Neben der Intention zu einer Win-Win-Lösung beizutragen, richtet sich der Blick auf Möglichkeiten des Sowohl-Als-Auch und unterstützt ein Verbündet-Sein unter den Konfliktparteien und Bündnisse, die sie mit anderen eingehen können, um Maßnahmen gegen Diskriminierung zu ergreifen. Die Herausforderungen für die Mediator*in bestehen dabei (neben Haltung, Wissen und Können) u. a. auch in der Reflexion der eigenen Verstricktheit in der Diskriminierungsmatrix und in Diskriminierungsrealitäten, des asymmetrischen Machtverhältnisses zu und unter den Konfliktparteien, des eigenen Menschenbildes sowie der eigenen Sprache. Eine besondere Verantwortung liegt ferner in Fragen der Allparteilichkeit und Neutralität. Sie gehören grundlegend zu den Prämissen der Mediation, müssen aber im Kontext von Diskriminierungskonflikten unmissverständlich in Bezug auf ihre Grenzen betrachtet werden.

Das 4. Kapitel *Anwendungsmöglichkeiten der Diskriminierungskritischen Mediation* greift zwei Bereiche auf, die jeweils unterschiedliche Inhalte und Zielsetzungen haben, aber auch Querverbindungen aufweisen, wie im Hinblick auf ein politisiertes Selbstverständnis im Zusammenhang mit Antidiskriminierung gezeigt wird: Soziale Arbeit und Erwachsenen(weiter)bildungsbereich am Beispiel des diskriminierungskritischen Weiterbildungskonzeptes „Social Justice und Diversity". Nach einer kurzen Beschreibung dieses Weiterbildungskonzeptes, werden Wissenslücken und Leerstellen hinsichtlich des Umgangs mit Diskriminierungskonflikten skizziert, um danach mediatorisch begleitete Diskriminierungskonflikte in sozialarbeiterischen Teams und Weiterbildungsgruppen zu beschreiben. Zudem werden prophylaktische Maßnahmen hinsichtlich möglicherweise auftretender Diskriminierungskonflikten dargestellt, die in der Erwachsenenweiterbildung „Social Justice und Diversity" entwickelt wurden. Mediation gilt als Königsdisziplin der Konfliktlösung. Das *Diskriminierungskritische Mediationsverfahren nach Czollek/Perko* hat sich bislang als Königsdisziplin der Konfliktlösung von Diskriminierungskonflikten bewährt. Exemplarische Mediationsbeispiele zeigen mit diesem Verfahren ein Gelingen bei der Lösung von Diskriminierungskonflikten. Doch ist Mediation, wie andere Konfliktlösungsversuche, kein Allheilmittel und kein Garant für ein Gelingen. Gleichzeitig kann in bestimmten Konfliktsituationen ein bewusst herbeigeführtes Scheitern eine sinnvolle Maßnahme sein, wie abschließend in diesem Kapitel beschrieben wird.

Das vorliegende Buch, in dem es beabsichtigterweise zu manchen Wiederholungen kommt, endet mit einem *Fazit und Ausblick* und vermittelt neben theoretischen Grundlagen zum Thema Konflikte, Diskriminierung und Machtdynamiken die Möglichkeit der praktischen Anwendung in Bereichen der Sozialen Arbeit und im Erwachsenen(weiter)bildungsbereich, konstruktiv mit Diskriminierungskonflikten umzugehen. In der Beschreibung der Mediationsbeispiele im Kontext der Sozialen Arbeit und eines Beispiels, in dem es um ein konstruktives Scheitern lassen durch Ausbildner*innen im Erwachsenenweiterbildungsbereich geht, verliert sich die Lebendigkeit des Konfliktgespräches und der Konfliktbearbeitung: So müssen beim Lesen emotionale Ausdrücke, Stimmen, Gesten etc. der Konfliktparteien mithilfe der Einbildungskraft vorgestellt werden, um sich die realen Auseinandersetzungen annähernd vergegenwärtigen zu können.

Wer wird mit dem Buch angesprochen?

Mit dem Buch *Diskriminierungskritische Mediation und Konfliktbearbeitung* sind jene Personen angesprochen, die in ihren Arbeitskontexten der Sozialen Arbeit und dem Erwachsenen(weiter)bildungsbereich mit Konflikten konfrontiert sind, in denen Diskriminierung eine Rolle spielt. Zugleich kann es an Schulen, (Fach)Hochschulen, Universitäten sowie in Kunst- und Kulturbereichen u. v. m. herangezogen werden, in denen es ebenfalls zu solchen Konflikten kommen kann. Es fordert aber auch auf, sich weiter mit der Thematik zu beschäftigen, weiter darüber nachzudenken, Konzepte zu entwickeln, auszuprobieren und darüber einen lebendigen Dialog im Sinne konstruktiver Streitgespräche mit Interessierten einzugehen.

1. Diskriminierungskonflikte und Machtdynamiken

Stehen in der Mediation Konflikte im Zentrum, in denen das Thema Diskriminierung eine direkte oder indirekte, also nicht ausgesprochene Rolle spielen, schlage ich vor, diese Konflikte mit dem Begriff *„Diskriminierungskonflikte"* zu benennen. Diese Bezeichnung wirft die Frage auf, ob Diskriminierung ein Konflikt sein kann bzw. ob bei Diskriminierungspraxen von einem Konflikt gesprochen werden kann.

1.1 Konflikte – Diskriminierung – Macht

Ein Konflikt – vom lateinischen Begriff *confligere* (zusammentreffen, kämpfen) und *conflictus* (Aneinanderschlagen, Zusammenstoßen; im weiteren Sinne auch Streit, Kampf) – bedeutet, wie in der Einleitung beschrieben, dass es sich um unvereinbare Interessen, Vorstellungen, Meinungen, Werte und Ziele handelt und dass es um die Unvereinbarkeit im Denken, Fühlen, Wollen zwischen den Akteur*innen geht (Glasl 2002 a, b, Rosenstiel 1980). Sind soziale Konflikte von Fragen der Diskriminierung charakterisiert, so zeigen sich diese Momente als Thema im Konflikt. Mit der Bezeichnung Diskriminierungskonflikte wird also Diskriminierung weder relativiert noch verharmlost. Vielmehr wird damit angezeigt, dass der Konflikt zwischen zwei oder mehreren Personen sich um das Thema Diskriminierung kreist. Das kann u. a. bedeuten, dass die Konfliktparteien von Diskriminierung getroffen sind und darüber in Konflikt geraten, wer Furchtbareres erlebt hat, dass sich Konfliktparteien gegenseitig diskriminieren oder dass eine dritte Person Diskriminierung erfährt und sich die Konfliktparteien dazu unterschiedlich verhalten. Das Wesentliche ist die freiwillige Entscheidung und Autonomie der Konfliktparteien diese Konflikte in einer Mediation lösen zu wollen.

Beispiele aus meiner eigenen Praxis im Kontext der Sozialen Arbeit und in der diskriminierungskritischen Erwachsenenweiterbildung „Social Justice und Diversity" (siehe dazu Czollek / Perko et al. 2019; Czollek / Czollek 2023) verdeutlichen unterschiedliche Konfliktthemen, welche die Konfliktparteien mit Unterstützung einer Mediation lösen wollten, weil sie nicht mehr arbeitsfähig waren.

Beispiele: Themen bei Diskriminierungskonflikten

Konfliktparteien	Konfliktthemen
2 Personen	„Einseitige Diskriminierung" In diesem Konflikt diskriminiert eine Person (A) eine andere Person (B), beispielsweise im Arbeitskontext oder in einer Weiterbildung. Die Konfliktparteien sind nicht mehr arbeitsfähig.
2 Personen	„Gegenseitige Diskriminierungserfahrungen nicht ernst nehmen" In diesem Konflikt diskriminieren sich Person (A) und Person (B) gegenseitig, beispielsweise im Arbeitskontext oder in einer Weiterbildung. Die Konfliktparteien möchten davon Abstand nehmen, die Hintergründe eruieren und Lösungen finden.
2 Personen	„Diskriminierung einer dritten Person" In diesem Konflikt ist eine Person (C), die nicht an der Mediation teilnimmt, aber Grund für den Konflikt ist, von Diskriminierung getroffen. Die Konfliktparteien (A, B) nehmen diese Diskriminierung, die nicht von ihnen selbst ausgeht, beispielsweise im Arbeitskontext wahr oder sie nehmen sie im Arbeitskontext nicht wahr.
2 Personen	„Diskriminierung der Anderen" In diesem Konflikt diskriminieren die Konfliktparteien (A, B) andere Personen (C, D, E), beispielsweise im Arbeitskontext. Sie geraten dadurch selbst in einen Konflikt, weil sie ihre eigene Diskriminierungspraxen zugunsten eines anerkennenden und wertschätzenden Umgangs beenden möchten.
Gruppe/Team	„Diskriminierend in einer Gruppe" Eine Anzahl von Personen diskriminieren einen Teil der Gruppe. Es kommt beispielsweise zu sexistischen, antisemitischen, rassistischen Äußerungen. Der Rest der Gruppe äußert sich nicht zu dem Geschehen. Die Gruppe ist nicht mehr arbeitsfähig.
Gruppe/Team	„Beanspruchen eines Raumes aufgrund von Diskriminierungserfahrungen" Eine Anzahl von Personen beansprucht im Arbeitskontext einen Raum mit je unterschiedlichen Bedürfnissen aufgrund erfahrener Diskriminierung, wobei die Beteiligten von verschiedenen Diskriminierungsformen getroffen sind. Dabei geht es um Antimuslimischen Rassismus, Antisemitismus, Ableismus und Diskriminierung von LGBTQ+.
Leitung/Team	„Diskriminierung im Kontext von Bossing" Eine Leitungskraft oder der Vorstand diskriminiert Mitarbeiter*innen (eine oder mehrere). Die diskriminierten Mitarbeiter*innen erleben diese Diskriminierungspraxis in ihrer Verbindung mit Bossing, eine Form von Mobbing, die von der Leitungsebene ausgeht.
Gruppe/Team	„Konkurrenz zwischen diskriminierten Personen" Die Personen sind jeweils von einer bestimmten Diskriminierungsform getroffen. Sie werfen sich gegenseitig Rassismus, Sexismus, Klassismus etc. vor und beanspruchen jeweils am meisten „Opfer" zu sein. Die Gruppe ist nicht mehr arbeitsfähig.
Gruppe/Team	„Eigene Diskriminierungserfahrungen" Einige Personen erleben Diskriminierung (z. B. Rassismus, Klassismus, Sexismus) und werfen aus diesen Erfahrungen heraus anderen Personen vor, z. B. Rassismus, Klassismus, Sexismus nicht zu reflektieren. Die Gruppe ist nicht mehr arbeitsfähig.

Diese Konflikte können Einzelpersonen (intrapersonelle und interpersonelle Konflikte), Gruppen/Team (Intra- und Intergruppenkonflikte) betreffen. Sie können im Arbeitskontext, in einer Weiterbildung, in politischen Kontexten etc. auftreten.

Einige der genannten Diskriminierungskonflikten als Beispiele meiner eigenen Praxis wurden in einer Mediation nach dem *Diskriminierungskritischen Mediationsverfahren nach Czollek/Perko* bearbeitet; bei anderen wurden Elemente dieser für die Konfliktbearbeitung herangezogen. Im Kontext der Erwachsenenweiterbildung „Social Justice und Diversity" wurden zudem für Diskriminierungskonflikte neue Konfliktbearbeitungsmethoden entwickelt (siehe Kapitel 4).

Die in der obigen Tabelle genannten Diskriminierungskonflikte können, wie andere Konflikte auch, durch verschiedene Arten charakterisiert sein.

Tabelle: Gudrun Perko 2023

Konfliktarten	**Merkmale, u. a.**
Heiße Konflikte	Hohe Emotionalität, direkte Konfrontation, laut, fühlbar, hörbar, offensichtlich. Verhaltensweisen können beispielsweise das Ignorieren von Regeln oder das Durchsetzen eigener Interessen sein.
Kalte Konflikte	Scheinbar geringe Emotionalität, an dem erkennbar, „was nicht passiert". Verhaltensweisen können beispielsweise Rationalität oder Zynismus sein.
Dabei kann es um folgende Konflikte gehen, u. v. a.:	
Identitätskonflikt	Empfundene Bedrohungen des eigenen Selbstbildes oder dessen, was jemanden aus der eigenen Perspektive als Person ausmacht.
Rollenkonflikt	Widersprüchlich empfundene Rollen im Arbeitskontext.
Verteilungskonflikt	Ungleiche Verteilung von Ressourcen, ungleiche Möglichkeiten, Ressourcen zu nutzen oder zu realisieren.
Zielkonflikt	Unterschiedliche Absichten bzw. Interessen.
Strategiekonflikt	Unterschiedliche Auffassung, wie ein Ziel erreicht werden kann.
Informationskonflikt	Unterschiedliche Informationen, die das gemeinsame Arbeiten erschweren.
Wertekonflikt	Unterschiedliche Anschauungen in Bezug auf u. a. moralische, religiöse, weltanschauliche Überzeugungen, Geschlechtervorstellungen; divergierende Anschauungen in Bezug auf Diversity und Diskriminierung.
Machtkonflikt	Machtverteilung, z. B. zwischen Sozialarbeiter*innen und Adressat*innen, verschiedene Hierarchieebenen.

Bei jedem Konflikt geht es um *Machtfragen und Machtdynamiken*. Eingebettet sind Fragen von Macht immer in Macht- und Herrschaftsverhältnisse. Im

Erwachsenenweiterbildungskonzept „Social Justice und Diversity" wird dafür folgende Definition verwendet: „Für unser Verständnis von Macht- und Herrschaftsverhältnissen lehnen wir uns an Iris Marion Youngs Begriff der „structural oppression" an (Young 1990; 1996), mit dem sie unterstreicht, dass sich „Unterdrückung" nicht nur in individuellen und intentionalen Handlungen und Entscheidungen von Einzelpersonen ausdrückt, sondern sich auch in weniger wahrnehmbaren alltäglichen kulturellen Praxen, institutionellen Abläufen, Gesetzen oder auch kapitalistischen Marktmechanismen manifestiert. Mit dem Begriff Macht- und Herrschaftsverhältnisse drücken wir aus, dass Strukturelle Diskriminierung auf einem Zusammenspiel von individueller Machtausübung und institutionalisierter Herrschaft beruht, die sich in unterschiedlichen gesellschaftlichen Feldern zu (instituierten) Strukturen verfestigen können." (Czollek/Perko et al. 2019: 22 f.)

Für die Konfliktparteien kann das bedeuten, in privilegierter Weise in Macht- und Herrschaftsverhältnisse eingebettet zu sein, oder aus dominanzkultureller Perspektive zu jenen zu gehören, die außen vor sind und/oder diskriminiert werden. Im konkreten Konflikt geht es bei Machtdynamiken darum, wer welche Situiertheit hat, wer über welches Wissen verfügt, wer sich wie äußern und durchsetzen kann. Kommt es zu verhärteten Positionen, zielen sie wirkmächtig darauf ab, wer wen wie dominiert, wer recht hat, wessen „Wahrheit" oder Ideologie durchgesetzt werden kann. Dabei können Diskriminierungskonflikte, wie andere Konflikte auch, mannigfaltige Ursachen haben, die aufeinanderprallen: u. a. verschiedene Werte, Normen, Vorstellungen, Interessen, begrenzte Ressourcen, Grundbedürfnisse, Religionen, Glaubensvorstellungen, Weltanschauungen oder persönliche Interessen und Bedürfnisse. Das Besondere bei Diskriminierungskonflikten ist, dass – ungeachtet, um welche Konfliktart es sich handelt – das Thema Diskriminierung in unterschiedlichster Art und Weise explizit eine Rolle spielt.

Im Konfliktgespräch sind Bereiche wahrnehmbar oder nicht wahrnehmbar, wie es die Eisberganalogie gut veranschaulicht:[1]

1 Die Metapher des Eisberges stammt von Ernest Hemingway, der damit in den 1930 Jahren seinen literarischen Stil beschrieb, dass es für einen Autor nicht notwendig ist, Alles über seine Hauptfigur zu erzählen, es reicht aus, wenn, wie bei einem Eisberg, ein Achtel über Wasser zu erkennen sei (Hemingway 1957: 192). Rekurrierend auf Sigmund Freud, der die Metapher selbst nie erwähnte, wurde das Eisbergmodell von Ruch/Zimbardo (1974: 366) beschrieben, auf das sich auch Watzlawick (2011) im Hinblick auf das Kommunikationsverhalten von Menschen immer wieder bezog.

Abbildung 1: Leah Carola Czollek/Gudrun Perko, 2011 (modifiziert 2023).

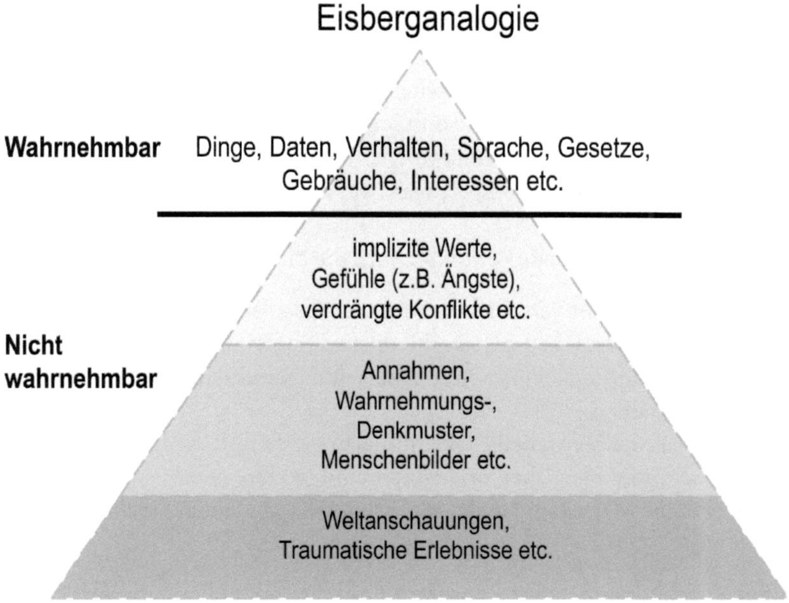

Im Hinblick auf den jeweiligen Konflikt, geht es in der Mediation oder der Konfliktbearbeitung schließlich darum, jenes wahrnehmbar zu machen, was für die Lösung des Konfliktes notwendig ist. Bei Diskriminierungskonflikten sind dies jene Bereiche, die sich auf das Verhalten der Konfliktparteien im Hinblick auf Diskriminierung beziehen: einseitige Diskriminierung, gegenseitige Diskriminierung, Diskriminierung einer dritten Person, Diskriminierung der Anderen, Diskriminierung im Kontext von Bossing, Konkurrenz zwischen diskriminierten Personen, eigene Diskriminierungserfahrungen etc.

Einige der Konfliktthemen (siehe Tabelle Beispiele: Konfliktparteien und Themen bei Diskriminierungskonflikten) werden in den verschiedenen Kapiteln dieses Buches beispielhaft anhand einer durchgeführten Mediation bzw. Anwendung von Elementen der Mediation dargestellt (siehe Kapitel 3 und 4). Ausgespart werden hierbei Konflikte in Organisationen/Institutionen (Intra- und Interorganisationskonflikte) und Konflikte zwischen Ländern, Staaten und Kontinenten.

1.2 Kontextualisierung von Diskriminierungskonflikten

Je mehr Pluralität desto höher das Konfliktpotential. Diskriminierungsrealitäten wie Antisemitismus, Rassismus, Sexismus, Klassismus etc. nehmen zu. Gleichzeitig verhärten sich identitätspolitische Diskriminierungsdiskurse, in denen es um die „Konkurrenz zwischen diskriminierten Personen“, die so genannte „Konkurrenz der Opfer“ geht. Diskriminierungserfahrungen und -diskurse werden in Arbeits- und Lernkontexte hineingetragen, was zu spezifischen Konflikten führen kann.
Je mehr Pluralität desto mehr Konflikte. Auch die Pluralisierung der Demokratie,

- in der Menschen mit verschiedenem Alter, Geschlecht / Gender / Queer, sexuellen Begehren, Aussehen, unterschiedlichen Sprachen, sozialen und geographischen Herkünfte, Religion oder Säkularität / Konfessionsfreiheit, mit/ohne Behinderung leben,
- in der bestimmte Menschen Diskriminierung erfahren, andere nicht,
- in der bestimmte Menschen privilegiert sind, andere nicht,
- in der manche Menschen Fluchterfahrungen haben, andere nicht,
- ...,

erfordert Konfliktkompetenzen, insofern Konflikte zum Alltag und Arbeitsalltag gehören. Sie zeigen, dass etwas in der Kommunikation und in den Beziehungen aus dem Gleichgewicht geraten ist. Oft fehlt es an Ideen, wie Konflikte konstruktiv, d. h. für alle befriedigend gelöst werden können. So tun wir unser Bestes, verstärken unsere Anstrengung, doch es scheint, als würden die Konflikte dadurch genährt werden. Noch komplizierter wird es, wenn sich die Konflikte zwischen Menschen als Diskriminierungskonflikte abspielen. In diesen Kontexten sind Konfliktkompetenzen hilfreich, u. a.:

- Wissen um Konflikt- und Machtdynamiken
- Verständnis von Konfliktprozessen und Beziehungsdynamiken
- Fähigkeit zum Perspektivenwechsel, sich Einlassen auf Perspektivenvielfalt
- Reflexionsbereitschaft über sich und die eigene Gesellschaft
- Wissen um Wechselwirkung zwischen Gesellschaft und Individuum
- Anerkennung des Anderen
- Emphatisch sein
- Ambiguitätstoleranz
- Aufgeben der Allmachtsphantasie / Kompetenz des Nicht-Wissens (monos phronein)
- Lernen wollen
- Zuhören
- Dialogische Kompetenzen

Siehe dazu auch: Perko / Czollek 2022: 189

Die Pluralisierung der Demokratie erfordert zudem Möglichkeiten, aushandeln zu können, wie Menschen in ihrer Radikalen Vielfalt miteinander leben wollen bzw. können. Die Grenzen dieser Ausverhandlung liegen in den Grenzen eines möglichen Dialoges mit jenen, die einer menschenverachtenden und festgezurrten Ideologie (wie Rechtsextremismus) erliegen. Sie korrespondieren mit Grenzen einer Mediation, die auf dem Dialog basiert und voraussetzt, dass die Konfliktparteien sich aufeinander einlassen wollen, um ihren Konflikt zu lösen.

Die jeweilige *Diskriminierungserfahrung* spielt dabei ebenso eine zentrale Rolle wie Diskriminierungspraxen von Konfliktparteien. Diese können bewusst, absichtlich geschehen oder unbeabsichtigt, indem der diskriminierenden Person nicht bewusst ist, dass ihr Sprechen oder Handeln diskriminierend ist, wobei die Grenzen zwischen absichtlich und unbeabsichtigt zuweilen uneindeutig sind. Dies ist für die diskriminierte Person nicht ausschlaggebend, insofern die Auswirkungen der Diskriminierung nicht vom bewussten oder unbewussten Akt abhängt. Im Arbeitskontext können die genannten Diskriminierungskonflikte mit Mobbing- oder Bossing-Strukturen verbunden sein.

Bei manchen Konflikten spielen gegenwärtige *Diskriminierungsdiskurse* eine große Rolle, die aktuell sehr polarisierend und unversöhnlich im Hinblick auf Positionen und Identitätspolitiken geführt werden, die die „Wahrheit" für sich beanspruchen und damit die jeweils Anderen in ein Eck stellen. Gemeint sind hier jene Diskurse, in denen es einerseits zu Hierarchisierungsversuchen und andererseits zu gegenseitigen empathielosen Verhalten oder zu Abwertungen kommt. Nicht selten werden dabei die Perspektiven der jeweils Anderen nicht gehört, nicht toleriert oder gar wertschätzend anerkannt. Die Verhärtung einzelner Positionen, der Versuch beispielsweise einzelner Teammitglieder oder Teilnehmer*innen das jeweils eigene Interesse gegen den Willen anderer durchsetzen zu wollen, kann ein sozialarbeiterisches Team oder eine Erwachsenen(weiter)bildungsgruppe in Konflikte bringen, die über eine herkömmliche Storming-Phase weit hinaus gehen. Erfahrungen zeigen, dass dadurch Teamarbeit in Bereichen der Soziale Arbeit erschwert, zuweilen verunmöglicht wird und die Adressat*innen außen vor bleiben. Auch im Erwachsenen(weiter)bildungsbereich mit Gruppen wird dadurch das jeweils themenbezogene Arbeiten zu einer enormen Herausforderung für Erwachsenenbildner*innen in jenen Bereichen, in denen Gruppendynamik nicht in beabsichtigter Weise Gegenstand eines Workshops oder einer Ausbildung ist. Vernachlässigt wird damit nicht selten ein gesellschaftlicher Raum, in dem Diskriminierungsrealitäten strukturell verankert und Bedrohungsszenarien Realität sind, in dem die Notwendigkeit besteht, solidarisch gegen jede Form von Diskriminierung aufzubegehren.

Diskriminierungsrealitäten nehmen zu. Zahlreiche Studien belegen hierzulande Praxen von Antisemitismus, Ageismus, Adultismus, Homomiseoismus,

Transmiseoismus[2], Klassismus, Migratismus, Rassismus (u. a. Anti-Schwarzer Rassismus, Anti-Muslimischer Rassismus, Rassismus gegen Roma / Sinti // Rom*nja / Sinti*zze, Anti-Slawischer Rassismus, Anti-Asiatischer Rassismus), Sexismus in ihren verschiedenen Formen. Sie können hier nicht resümiert werden. Doch gehören sie in ihrer jeweiligen Aktualität zum Wissen der diskriminierungskritischen Mediator*in, die gleichzeitig eine kritische Perspektive darauf hat: Jede Form von Diskriminierung und ungeachtet eines prozentualen Vergleiches, wie sie in manchen Studien erfolgt, bedroht Menschen, die davon getroffen sind. Nur selten existieren Studien aus der Sicht der von Diskriminierung getroffener Menschen selbst wie z. B. die RomnoKher-Studie 2021 (Strauß 2021) oder der Afrozensus 2020 (Aikin / Bremberger et al. 2021). Zu den einzelnen Diskriminierungsformen informieren ferner zahlreiche Publikationen von Expert*innen, die hier ebenfalls nicht besprochen werden können. Doch kann mit ihnen das Wissen der diskriminierungskritischen Mediator*in vertieft werden. Dass Diskriminierungsrealitäten nicht bei ihren demokratiegefährdenden Zuspitzungen wie z. B. Rechtsextremismus und Islamismus oder bei Gruppen toxischer Männlichkeit und Querdenkerbewegung Halt machen, ist evident. Eingebettet in Macht- und Herrschaftsverhältnisse werden sie auch von der sogenannten Mitte mitgetragen, wobei sie zunehmend praktikabel erscheinen. Das beginnt mit der Sagbarkeitserweiterung, die nicht selten mit der Äußerung „ich bin kein*e Rassist*in, aber ...; ich bin kein*e Antisemit*in, aber ...“ zu vernehmen ist, wobei das Anzeigen einer Genderpluralität bei Vielen ausgespart bleibt. Wie schnell Sprechakte in Handlungen umschlagen können und inwiefern sich nicht wenige Vertreter*innen u. a. aus linken Gruppierungen, Queer-Feministinnen, Rechtsextremen, Islamist*innen, aber auch aus der so genannten Mitte verbinden können, zeigt sich gegenwärtig im Antisemitismus als Kitt, der sie zusammenhält (siehe u. a. Perko 2020; Perko / Czollek / Eifler 2021). Diskriminierungsrealitäten müssen immer auch in ihrer strukturellen Verankerung gesehen werden. In Bezug auf das Wissen und Können der diskriminierungskritischen Mediator*in wird das weiter unten beschrieben; hier soll eine allgemeine Definition das Verständnis davon verdeutlichen: „Social Justice und Radical Diversity richtet den Blick auf Strukturelle Diskriminierung, um zu verdeutlichen, dass bestimmte Menschen nicht ausschließlich Alltagsdiskriminierung erfahren, sondern diskriminierende Praxen tief in gesellschaftlichen Feldern verankert sind. „Strukturell“ bezeichnet im Konzept Social Justice und Radical Diversity die Verwobenheit der individuellen, institutionellen und kulturellen Ebene von Diskriminierung. Der Begriff verweist auf das Zusammenwirken dieser unterschiedlichen Ebenen: Dabei ist die individuelle Ebene charakterisiert durch individuelle Handlungen wie beispielsweise diskriminierendes Sprechen und Handeln von Einzelpersonen,

2 Homomiseoismus bezeichnet die Feindseligkeit und den Hass gegen Lesben und Schwule. Transmiseoismus bezeichnet den Hass auf und die Feindseligkeit gegenüber Trans*Personen.

die institutionelle Ebene durch diskriminierende Praxen und Regelungen wie Politiken, Gesetze oder institutionelle Normen. Die kulturelle Ebene verweist auf diskursive und epistemische Aspekte, also beispielsweise darauf, welches Wissen vorhanden ist und als Wissen anerkannt wird. Sie zeigt sich in Normen, Werten und Sprach-/Bildern, öffentlichen Diskursen, in Musik, Literatur, Wissenschaft oder auch in den Künsten und vermittelt etwa Vorstellungen davon, dass eine soziale Gruppe über einer anderen steht, bestimmte Positionen sichtbar und hörbar sind und andere nicht. Die drei Dimensionen von Diskriminierung – individuell, institutionell und kulturell – sind ineinander verwoben und stabilisieren sich gegenseitig." (Czollek/Perko et al. 2023: 5 f.)[3] Das bedeutet Diskriminierungskonflikte immer in Bezug auf die drei Ebenen, also im Hinblick auf Strukturelle Diskriminierung wahrzunehmen.

Die Erhöhung des Konfliktpotentials im Kontext von Diskriminierungskonflikten erfordert aus professionell-mediatorischer Sicht, neben den oben genannten Konfliktkompetenzen, auch eine Diskriminierungskritische Mediation, in der Methoden-, Kommunikationskenntnisse, Fragekompetenzen sowie Neutralität/Allparteilichkeit zudem eine Rolle spielen (siehe dazu Kapitel 2).

Mediation als Konfliktlösungsmethode kann nicht verstanden werden als ein Mittel zum allgemeinen Abbau oder zur allgemeinen Beendigung von Struktureller Diskriminierung oder Diskriminierungsformen, die historisch und gegenwärtig gesellschaftlich tief verankert sind.[4] Sie zielt auf Konfliktlösungen zwischen den Konfliktparteien ab. Dabei gibt es keine übergeordnete Instanz, die darüber entscheidet, was richtig und was falsch ist und es gibt immer mehr Möglichkeiten als im Kontext eines dichotomen, polarisierenden Denkens vorstellbar. Die mediatorische Unterstützung besteht darin, eine anerkennende und wertschätzende Haltung zu ermöglichen und Wege aus dem Entweder-Oder (Lösung A oder Lösung B) zu finden hin zu pluralperspektivischen Möglichkeiten der Konfliktlösung (Sowohl-Als Auch) und zu einer gemeinsamen Vereinbarung im Sinne einer Win-Win-Lösung zu gelangen.[5]

---

3 Zur unterschiedlichen Verwendung der Begriffe individuell, kulturell, institutionell und strukturell in der Fachliteratur, siehe Czollek/Perko et al. 2023: 6 (Fußnote 6).

4 Das wäre eine Überschätzung der Möglichkeit der Mediation, was sich im folgenden Zitat ausdrückt: „Indem Menschen jeweils ihren ‚eigenen' Konflikt bearbeiten, wird erschwert, dass Konfliktparteien mit ähnlichen Konflikten zueinanderfinden, um sich zu solidarisieren und kollektive Lösungen zu finden (Lucas 2023: 97).

5 Hier lehne ich mich an die Methode des Tetralemma an, in dem es über das „Entweder-Oder" zum „Sowohl-Als Auch", aber auch zum „Weder-Noch" und zum „All dies nicht und selbst das nicht" kommt. Das Tetralemma entstammt der indischen, vom Buddhismus geprägten Logik und wurde von Varga von Kibéd und Sparrer für den Bereich der systemischen Strukturaufstellungen adaptiert (Varga von Kibéd/Sparrer 2023).

1.3 Emotionale und kognitive Zugänge bei Diskriminierungskonflikten

Sind Personen in Diskriminierungskonflikte verstrickt, so verdeutlichen Konfliktparteien selbstredend unterschiedliche Zugänge und Verhaltensweisen, doch stehen in den letzten Jahren zunehmend Emotionen und Gefühle im Zentrum. Dabei werden insbesondere Angst, Trauer, Zorn und Wut als emotionale Ausdrücke benannt. In einer Mediation oder einer Konfliktbearbeitung müssen diese explizit aufgegriffen werden (siehe z. B. Kapitel 4, Mediation: Diskriminierung gegen Transgender, Lesbe, Migrant*in). Ihnen Raum zu geben ist ein wesentliches Element der Diskriminierungskritischen Mediation. Gleichzeitig kann es nicht um ein Ausspielen oder eine bewertende Polarisierung zwischen emotionalen und kognitiven Zugängen der Konfliktparteien gehen.

Ohne explizit eine Unterscheidung zwischen Emotionen und Gefühlen vorzunehmen, werden diese in Gruppenkontexten, in der Sozialen Arbeit und im Erwachsenen(weiter)bildungsbereich, zunehmend in den Vordergrund gerückt. Zumeist wird dabei der Begriff des Fühlens verwendet. Wahrnehmbar ist eine Art „Primat der Gefühle“, das, verbunden mit Emotionen als innere Empfindungen und Reaktion auf diese, mehrere Dimensionen hat:

- Wird beispielsweise Wut als Reaktion auf erlebte Diskriminierung geäußert, so gilt diese Emotion zwar zumeist als gesellschaftlich nicht akzeptiert, ist aber eine nachvollziehbare Reaktion auf das Erlebte. Nicht immer ist Wut destruktiv, auch wenn ihr ein höheres Erregungsniveau und höhere Intensität zugeschrieben wird als Zorn und Ärger.[6] Sie kann als konstruktive Emotion auch Veränderungen in Bewegung setzen, sowohl für die Person selbst, die Wut verspürt, als auch in Bezug auf die Umgebung respektive Gesellschaft, insofern Menschen aufgrund der Wut ins Handeln kommen und Veränderung einfordern können.[7]
- Wenn allerdings aufgrund der eigenen Wut eine bestimmte Weise des Ausdrucks des Fühlens von anderen Personen eingefordert wird, basiert dies nicht selten als Normierung dessen, wie eine solche Äußerung auszusehen hätte (beispielsweise Weinen). Dass Menschen aber je unterschiedlich ihre Gefühle äußern, ist evident: So kann eine Person lächeln und doch unendlich traurig sein und/oder kann nichts fühlen, weil sie eben nichts fühlt.

---

6 In der Psychologie wird Wut von Zorn und Ärger abgegrenzt, indem ihr ein „höheres Erregungsniveau“ und eine größere Intensität zugeschrieben wird. So beschreibt Kast (1985) den Zorn etwa als etwas distanzierter als die Wut.

7 So fordert Berhe (2023) etwa aufgrund u. a. der Wut ein, den dominanzkulturellen Tisch zu zerschlagen und etwas Neues zu gestalten, wo alle Menschen gleichermaßen teilhaben und partizipieren können.

- Die Einforderung eines bestimmten Fühlens der je eigenen Diskriminierungserfahrungen durch andere Personen kann auch eine machtvolle Komponente haben und das Gegenüber unter Druck stellen. Nicht selten stehen sich dabei Positionen gegenüber: Das jeweilige Ich wird ins Zentrum gestellt, um jeweils vom Du die Anerkennung eigener Gefühle und Emotionen einzufordern. Hierbei geht es um die Macht der Gefühle, verbunden mit der Einschätzung, die selbst erfahrene Diskriminierung sei furchtbarer als jene, die eine andere Person erlebt. Eine konfliktuale Zuspitzung kann jene Einforderung erreichen, wenn die jeweils einfordernde Person selbst keine Empathie für das Gegenüber aufbringt.
- Wird das Fühlen als eine Weise des Berührbar-Seins beschrieben, beispielsweise von Diskriminierungsformen, die selbst nicht erlebt werden, verdeutlicht dies eine Art Empathie oder Einfühlsamkeit. Gleichzeitig kann dieses Berührt-Sein auch auf einer kognitiven Ebene geschehen.

Gefühle und Emotionen sowie deren jeweilige Ausdrücke werden nicht selten als „authentisch" oder als „unecht" beschrieben. Ist die Perspektive der Bewertung das jeweilige Ich und richtet sich auf eine andere Person, so rekurriert sie als Fremdzuschreibungen auf die jeweilig eigenen Empfindungen und Ausdruckformen, in denen vernachlässigt wird, dass Gefühle wie Emotionen immer auch gesellschaftlich hergestellt werden, sich also historisch verändern, gesellschafts- und sozialisationsbedingt sind und sich individuell sehr unterscheiden können.[8] Gefühle an sich haben nicht immer recht; sie können ebenso trügerisch sein wie Verstand und Denken. Gleichzeitig vernachlässigt ein „Primat der Gefühle" unterschiedliche Zugangsweisen, die Personen zur Welt im Allgemeinen und bei Konfliktaustragungen im Besonderen haben können: eine emotionale *und* eine kognitive Zugangsweise. In der Mediation und in Konfliktbearbeitungen gilt es, keinem Dualismus Raum zu geben, sondern Gefühl und Emotion sowie Verstand und Denken als gleich wichtig zu begreifen und als miteinander verbunden aufzugreifen.

8 Ein gutes Beispiel dafür ist die „Mutterliebe", deren Zuschreibungen sich historisch verändert hat (siehe dazu einzelne Beiträge in Perko 1998). Zu philosophischen Überlegungen in Bezug auf Gefühle, siehe Hastedt (2005). Emotionen beruhen auf allgemeinen und besonderen Aspekten. Dass Emotionen in einer bestimmten normativen Konzeption wirksam und bezogen sind auf historische, gesellschaftliche, politische und ideologische Entwicklungen beschreibt Nussbaum (2014).

2. Prämissen der Diskriminierungskritischen Mediation

Mediation als Konfliktlösungsmethode ist kein „Allheilmittel". Nicht immer gibt es eine für die Beteiligten zufriedene Lösung, nicht immer ist es eine gelungene Mediation. Doch ist Mediation als Methode ein geeignetes Instrument, dabei zu unterstützen, den einen oder anderen Konflikt zu lösen. Geht es um Diskriminierungskonflikte, so bedarf es einer neuen Methode der Mediation.

In diesem Kapitel werden die *Prämissen der Diskriminierungskritischen Mediation* als neues Mediationsverfahren mit seinen Besonderheiten vorgestellt: Haltung, Wissen, Können. Das Verfahren legt einen anderen Fokus auf Konflikte und Konfliktlösungen als die Klassische Mediation (siehe u. a. Besemer 1999; Fisher/Ury/Patton 2013) oder Mediationsverfahren wie u. a. der Transformationsansatz (Bush/Folger 1994), die Systemische Mediation (Kleve 2003), die Interkulturelle Mediation (Mayer 2006), der Ansatz von mediation-of-diversity (Manns 2009; Kanis 2013) oder Gender und Diversity in der Mediation (Becker/Pinto 2012). Diese Konzepte basieren zumeist auf der Klassischen Mediation, insofern sie ein ähnliches Verständnis davon haben, was ein Konflikt ist, Konflikte in Phasenmodellen bearbeiten, mediatorische Techniken (wie „Aktives Zuhören"[9], Paraphrase, Reframing) verwenden, eine neutrale und allparteiliche Haltung einnehmen.

Tipp zur Klassischen Mediation

Ein kurzer Mediationslehrfilm „Klassische Mediation" zeigt Eckpfeiler dieser Mediation (nach Besemer 1999): https://www.youtube.com/watch?v=m2mWtFH5jEE&t=11s [letzter Zugriff: 16.12.2023].[10]

Die genannten Mediationsverfahren fokussieren jedoch unterschiedliche Schwerpunkte, die zweifelsohne wesentlich sind. Um aber Themen im Hinblick auf Diskriminierung und Machtdynamiken im Konfliktgespräch professionell bearbeiten zu können, ist darüber hinaus eine neue Methode der Mediation

9 Das „Aktive Zuhören" gilt als eine wichtige Technik in der Mediation. Sie beschränkt sich nicht auf das Sinnesorgan des Hörens, sondern bedeutet Zuhören im Sinne dessen, das Gegenüber in seinen Äußerungen und Gefühlen aktiv wahrzunehmen.

10 In dem Projekt „Konfliktbearbeitung in der Sozialen Arbeit. Diversity orientierte Mediation", durchgeführt von Leah Carola Czollek und Gudrun Perko, erstellten 17 Studierende der Fachhochschule Potsdam (Fachbereich Sozial- und Bildungswissenschaften) 2019 – mit Unterstützung der Filmemacherin Johanna Pohland – den Mediationslehrfilm „Klassische Mediation" (siehe Literatur und Materialien).

vonnöten. Als neue Methode wird das *Diskriminierungskritische Mediationsverfahren* (siehe Kapitel 3) beschrieben; doch werden zuvor die Prämissen – Haltung, Wissen, Können – dargestellt.

2.1 Haltung: Machloket, affirmativer-transformativer Ethos

Im *Diskriminierungskritischen Mediationsverfahren* werden Elemente der Klassischen Mediation in Bezug auf die Haltung der Mediator*innen beibehalten: wie Neutralität, Allparteilichkeit, Vertraulichkeit, Prämisse der Freiwilligkeit an der Mediation teilzunehmen, Autonomie der Konfliktparteien und Gewaltlosigkeit als Regel. Doch basiert jenes Verfahren zusätzlich auf besonderen Grundlagen, welche die Haltung der Mediator*in ausmacht. Deutlich wird dabei auch, dass Neutralität und Allparteilichkeit in bestimmten Situationen ihre Grenze erfahren und aufgegeben werden müssen.

Die Haltung der diskriminierungskritischen Mediator*in im *Diskriminierungskritischen Mediationsverfahren* rekurriert auf eine Methode, die *Machloket* (bzw. *Mahloquet*)[11], die im Kontext des Erwachsenenweiterbildungskonzept „Social Justice und Diversity" entwickelt wurde und zentral ist. Sie wurde in Anlehnung an die jüdische Tradition des Dialoges und der Interpretation vor allem durch die Auseinandersetzungen mit Quaknin (1990; 1996) entwickelt und bedeutet „dialogisches Streitgespräch", in dem mehrere Perspektiven in das Gespräch geholt werden und in ihrer Pluralität bestehen bleiben. Hierbei werden folgende Prämissen der *Machloket* in Bezug auf die ethisch-dialogische Haltung beschrieben, der grundsätzlich eine diskriminierungskritische Haltung zugrunde liegt:

Haltung des Sprechens und Handelns

- Haltung einer respektvollen Bescheidenheit, d. h. die Allmachtsphantasie aufgeben, als Einzige*r recht zu haben.
- Sich-Einlassen auf radikale Fremdheit: Jede*r ist im Sinne der Gastfreundschaft des Anderen Gast.
- Anerkennender Umgang von Menschen miteinander.
- Wechselseitige Übernahme von Verantwortung füreinander.

11 Im Erwachsenenweiterbildungskonzept „Social Justice und Diversity" verwenden wir den Begriff *Mahloquet* und beziehen uns hierbei auf die französische Schreibweise (siehe Ouaknin1990;1996), was auch als Wortspiel mit *loquare* (u. a. nennen, sagen, heraussagen) gedeutet werden kann. Gleichzeitig wird in der Weiterbildung auch der Begriff *Machloket* verwendet. Die Ausarbeitung der Methode *Mahloquet* greift zurück auf ihre Entwicklung von Czollek (2003).

Haltung der De-Hierarchisierung

- Gleichwertigkeit verschiedener Denkinhalte: Jede*r darf sprechen und wird gehört.
- Das Individuum spricht nicht als Repräsentant*in einer Gruppe oder Gesellschaft, sondern für sich, auch wenn es in die jeweilige Gesellschaft eingebettet ist.
- Keine Synthese von Widersprüchen, kein Konsens zugunsten einer allein gültigen Perspektive.
- Kein Kampf der Positionen: öffnet den Zirkel des bewertenden, polarisierenden Denkens.
- Infragestellung von Zuschreibungen, Werten, Vorstellungen, Bildern.

Haltung der Offenheit

- Es geht nicht um das Überzeugen des Gegenübers von meiner Meinung.
- Keine ein-für-allemal abgeschlossene Lösung, sondern das Verständnis von Dialog als Prozess.
- Keine übergeordnete Instanz, die darüber entscheidet, was richtig und was falsch ist.

Referenzrahmen

- UN-Menschenrechtscharta, Gewaltfreiheit.

(Czollek/Perko et al. 2019: 54f.)

Diese Methode ist kein Mediationskonzept, sondern wird in der Erwachsenenweiterbildung „Social Justice und Diversity“ als dem Konzept zugrundeliegende Methode des Gespräches und der Haltung angewendet. Übertragen auf die Mediation gilt die Machloket für die *Diskriminierungskritische Mediation* als grundlegende Haltung der Mediator*in.[12] Für das Mediationsverfahren bedeutet diese Haltung, dass es im mediatorisch begleiteten Konfliktgespräch, gleichsam als dialogisches „Streitgespräch“, nicht um eine Synthese der Widersprüche, sondern darum geht, die verschiedenen Auffassungen der Konfliktparteien bestehen zu lassen, angebliche Wahrheiten und festgefrorene Denkstrukturen, Dogmen und Ideologie aufzulösen. Im Zentrum steht nicht das Bekannte, sondern das noch-nicht-Gewusste. Im Zentrum steht nicht das Alter Ego (das andere Ich), nicht die Wiedererkennung der eigenen Erfahrungen und Geschichten in der Erzählung des Anderen im Kontext des Konfliktes. Das Gegenüber wird nicht als Spiegelung der eigenen Erfahrungen benutzt. Vielmehr wird eine „Bewegung des Denkens in Gang gesetzt, die (…) in der Erschütterung vorgefertigter Sinnstrukturen besteht (…)“ (Quaknin 1996: 70) und die Selbstverständnisse des eigenen Lebens in Frage stellt und zu reflektieren fördert. In der Mediation bedeutet das, die Konfliktparteien darin zu unterstützen, ihren Konflikt und die eigene Verstricktheit im Konflikt aus einer jeweils anderen Perspektive wahrnehmen zu können, alte Muster

12 Eine solche Übertragung fand erstmals in Czollek/Perko (2006) statt.

zu verlassen und neue Lösungswege zu beschreiten, die über ein Entweder-Oder hinausgehen. Konfliktparteien können über die Vermittlung dieser Haltung Erkenntnisse gewinnen, den je eigenen Horizont erweitern und ein gegenseitiges Verständnis erlangen, aber auch historische und gegenwärtige Kontexte vertiefen, in den Konflikte eingebettet sind. So kann ein dialogisches Denken und ein konfliktbezogenes Nachdenken entstehen, bei dem eine möglichst große Anzahl unterschiedlicher Perspektiven zu einem besseren Verständnis der gesellschaftlichen Kontexte des Konfliktes einzunehmen möglich ist.

Diskriminierungskritische Mediator*innen zeichnen sich durch eine *dialogisch-inkludierende Haltung im Sinne der Machloket* aus, mit der sie die Mediation durchführen und die sie den Konfliktparteien zu vermitteln versuchen. Sie öffnen Perspektiven für die Gleichwertigkeit verschiedener Zugänge zur Welt, verschiedener Denkinhalte, das sich-Einlassen auf Fremdheit, den respektvollen, empathischen und anerkennenden Umgang von Konfliktparteien miteinander und die wechselseitige Übernahme von Verantwortung füreinander. Im Zentrum steht dabei, Möglichkeiten zu schaffen, die jeweilige Allmachtsphantasie aufzugeben, als einzige*r Recht zu haben (Haltung der respektvollen Demut und nicht Ich-Zentriertheit) und der Dialog, in dem verschiedene Perspektiven bestehen bleiben können (nicht die Überzeugung des Gegenübers). Mittels dieser Haltung wird nicht zuletzt die Thematisierung von Diskriminierung und Machtdynamiken ermöglicht. Hier spielt der Referenzrahmen der Mediation eine wesentliche Rolle, auf dem die Machloket basiert. Dieser bedeutet im Kontext der Mediation Gewaltlosigkeit, diskriminierungsfreies Sprechen und Handeln sowie die Vermittlung, dass die Bejahung von Diskriminierung keine Perspektive ist. In den zu Beginn einer Mediation kommunizierten Rahmen und Regeln (siehe weiter unten: Beispiel einer Diskriminierungskritischen Mediation) wird dies den Konfliktparteien vermittelt.

Eine Besonderheit nimmt in bestimmten Situationen die *Neutralität* und *Allparteilichkeit* der Mediator*in ein, die grundsätzlich eine wesentliche mediatorische Haltung und Prämisse ist. Im Kontext von Diskriminierungskonflikten muss ein besonderes Augenmerk daraufgelegt werden. So wird in der bislang noch unveröffentlichten Dissertation von Lucas (2023), in der es um das Phänomen der Mediation als kulturelle Praxis, die Rassismus und Herrschaft stabilisiert, eine Auffassung hinsichtlich des asymmetrischen Machtverhältnisses formuliert:[13] „Insbesondere das Prinzip der Allparteilichkeit bzw. Neutralität

13 Dabei geht es in der Dissertation nicht explizit um die Praxis der Mediation. Vielmehr wird sie mit Rekurs auf unterschiedlichen Wissenschaftsperspektiven, wie u. a. gouvernementalitäts- und rassismustheoretischen Perspektiven als Phänomen respektive als kulturelle Praxis im Hinblick auf die Frage untersucht, inwieweit sie dazu beiträgt, Herrschaft und Rassismus zu stabilisieren. In diesem Sinne wird das Phänomen Mediation macht- und herrschaftskritisch betrachtet. (Lucas 2023: 50).

würde verhindern, dass asymmetrische Machtungleichheiten zwischen den Konfliktparteien ausgeglichen werden würden und somit Mediation zu einem Verfahren machen, dass soziale Ungleichheiten verfestige (vgl. Bush/Folger 2005, S. 16). Infolgedessen plädieren Vertreter*innen diesem als „Oppression Story" (...) verstandenen Blick auf Mediation bisweilen dafür, die Idee der Mediation gänzlich zu verwerfen." (Lucas 2023: 6) Eine im Zuge der Dissertation interviewte Person, selbst Mediatorin, betont ferner: „Alleine der Klang von „Allparteilichkeit" würde ihre Klient*innen abschrecken, so *Kötter* (...). Sie führt weiter aus, dass durch eine allparteiliche Haltung, die Klient*innen eine doppelte, d. h. eine erneute Machtlosigkeit erfahren könnten (...). Aus diesem Grund seien Mediationen mit Diskriminierungsbezug auch insgesamt recht selten. Mediationen würden selten zustande kommen, weil viele ihrer Klient*innen darauf verzichten möchten, die andere Konfliktpartei in einem intensiven und längeren Prozess noch weiter zu begegnen. Vielmehr stehe meistens der Wunsch im Vordergrund, auf weiteren Kontakt zu verzichten bzw. ihn abzubrechen (...). Gerade wenn die Gefahr bestehe, dass durch die Zurückhaltung der Mediator*in – hier ausgedrückt durch Allparteilichkeit – kein fairer Prozess stattfindet." (Lucas 2023: 214). Wie Frau Kötter differenziere ich aufgrund meiner beruflichen Erfahrungen zwischen der Funktion als Mediatorin und der Funktion als Antidiskriminierungsbeauftragten, aber auch als Erwachsenenweiterbilderin und Dozentin. Mediation ist keine Antidiskriminierungsberatung. „Als Mitarbeiterin einer Organisation, die offizielle Antidiskriminierungsberatung anbietet, sieht *Frau Kötter* eine starke Unvereinbarkeit zwischen den Grundsätzen ihrer Arbeit und denen einer Klassischen Mediation. So gibt *Frau Kötter* in dem Interview immer wieder ihre Meinung zum Ausdruck, dass ein eng verstandenes Modell von Mediation und der Abbau von Diskriminierung nur schwer bis fast unmöglich sei" (Lucas 2023: 213). Dieser Meinung ist insofern zuzustimmen als weder die Klassische Mediation noch allein Allparteilichkeit und Neutralität ausreichen, um Diskriminierungskonflikte mit den Konfliktparteien zu bearbeiten. So bedarf es eines Diskriminierungskritischen Mediationsverfahrens (siehe Kapitel 3), einer spezifischen Haltung, aber auch eines besonderen Wissens und Könnens (siehe Kapitel 2). Zudem muss unterschieden werden, um welche Diskriminierungskonflikte es sich handelt. Denn nicht bei allen Diskriminierungskonflikten geht es um Diskriminierungserfahrungen der Konfliktparteien selbst oder um Diskriminierungspraxen zwischen den Konfliktparteien (siehe Kapitel 1 und 4).

Allparteilichkeit und Neutralität stoßen an ihre Grenzen, wenn es beispielsweise zu direkten Diskriminierungspraxen zwischen den anwesenden Konfliktparteien in der Mediation kommt. Das bedeutet für ein Vorgehen der diskriminierungskritischen Mediator*in in unterschiedlichen Situationen konkret:

- Wenn eine Konfliktpartei sich diskriminierend der anderen Konfliktpartei gegenüber äußert, kann die Mediator*in zunächst auf den vorab vermittelten

Referenzrahmen der Mediation verweisen. Stellt sich in der gemeinsamen Thematisierung heraus, dass es sich um eine unabsichtliche Äußerung, also um ein nicht-Wissen diskriminierender Begriffe oder Narrative handelt, so lässt sich erfahrungsgemäß und mit Einverständnis der Konfliktparteien das Konfliktgespräch weiterführen – trotz schmerzhafter Auswirkung auf die diskriminierend angesprochene Konfliktpartei, die in beiden Fällen entsteht.
- Wenn es sich um absichtliche und bewusste diskriminierende Äußerung handelt und sich einmal mehr ein asymmetrisches Machtverhältnis zwischen den Konfliktparteien verdeutlicht, dann ist die Mediator*in aufgefordert, die Mediation mit einer deutlichen Stellungnahme gegen Diskriminierungspraxen zu beenden. Insofern wird Allparteilichkeit und Neutralität aufgegeben. An dieser Stelle kann die Mediator*in auf andere Möglichkeiten, wie Antidiskriminierungsberatung verweisen.
- Ein anderes Beispiel, in dem Allparteilichkeit und Neutralität herausgefordert werden, liegt erfahrungsgemäß in einer Art Instrumentalisierung einer Konfliktpartei. So kann es vorkommen, dass eine Konfliktpartei einer von Diskriminierung getroffenen Konfliktpartei die Rolle zuzuweisen versucht, ihre Diskriminierungserfahrungen zu vermitteln, um von ihr zu lernen. Hier kann die Mediator*in mit Einverständnis der Konfliktparteien unterbrechen, mit der Bitte, sich Wissen außerhalb der Mediation anzueignen; gegebenenfalls kann die Mediatorin ihr Wissen einbringen.

Diese Zugänge sind von einer diskriminierungskritischen Haltung der Mediator*in geprägt, die Diskriminierung nicht tabuisiert, sondern direkt anspricht und gleichzeitig einen geschützten Raum[14] bietet, in dem mit einer dialogisch-inkludierende Haltung Vertraulichkeit ermöglicht wird. Gleichzeitig muss für alle Konfliktparteien als Prämisse der Mediation verdeutlicht werden:

Verliert die Mediator*in ihre Neutralität und Allparteilichkeit, dann muss die Mediation beendet werden. Es ist nicht darum zu tun, als Mediator*in ein Konfliktgespräch im Gewand einer Antidiskriminierungsberater*in weiterzuführen.

Die dialogisch-inkludierende Haltung einer diskriminierungskritischen Mediator*in im Sinne der Machloket ist gekoppelt an eine Ethik, in der es um ein *anerkennendes und wertschätzendes Menschenbild* geht. Im mediatorischen Umgang mit Menschen ist hierbei die ethische Haltung (Ethos) eine zentrale Prämisse.[15] Mo-

14 Ein geschützter Raum ist nicht gleichzusetzen mit einem absoluten *Safe Space*, den es in einer Gesellschaft nicht geben kann, in denen Orte, Institutionen etc. immer ableistisch, antisemitisch, klassistisch, rassistisch, sexistisch u. a. strukturiert sind.

15 Zur Ethik allgemein und in Bezug auf soziale Berufe, siehe Großmaß/Perko (2011); Perko (2004; 2013).

ralphilosophisch gilt dabei die *affirmative und transformative Anerkennung*[16] als das Ethos, das im dialogischen Umgang mit Menschen zum Tragen kommt (siehe Perko 2004; 2013).

Der Begriff Anerkennung beschreibt dabei Prozesse zwischen Menschen auf interaktiver Ebene. Damit wird ein Kanon von Einstellungen, Fähigkeiten und Handlungskompetenzen beschrieben, mit denen Menschen sich begegnen (können), indem sie sich – über die Ebene der bloßen Toleranz hinaus – als die je Anderen wahrnehmen und „erkennen", nämlich jeweils als von „mir" getrennt Seiende und losgelöst von der Auffassung, meine Erfahrungen, Perspektiven oder Bewertungen seien die einzig richtigen.

Von affirmativer Anerkennung wird gesprochen, wenn das Gegenüber, in der Mediation die Konfliktparteien, in seinen verschieden- und anders-Sein wesentlich bejaht wird und Zustimmung findet. Damit ist auch eine Trennung zwischen dem Subjekt als Subjekt und seinen Sprach / Handlungen angesprochen. Für diskriminierungskritische Mediator*innen bedeutet das, Konfliktparteien als Subjekte in ihrer Autonomie anzuerkennen und nicht nur zu tolerieren, aber auch zu differenzieren zwischen dem anzuerkennenden jeweiligen Subjekt und den Sprach / Handlungen. Denn affirmative Anerkennung bedeutet nicht, alle Handlungen oder Äußerungen gutzuheißen oder ihnen zuzustimmen.

Transformative Anerkennung meint die Möglichkeit der Veränderung durch Andere, insofern meine Sichtweise durch andere Personen verändert wird, und umgekehrt. Gegen die Vorstellung bzw. Illusion eines abgeschlossenen, authentischen Ich, eines statischen, identitären Subjekts, liegt die Möglichkeit der Transformation durch Andere – mit Grenzen – im Subjekt: als Imaginierendes, als ein Sich Entwerfendes, ein Projekt, das nicht zum Stillstand kommt (Castoriadis 1984: 179). Für diskriminierungskritische Mediator*innen bedeutet das, Abstand von der Vorstellung zu nehmen, die eigenen Sichtweisen, Normen, Werte seien immer die richtigen. Sie stehen in einem dialogischen Prozess, in dem versucht wird, die Bedürfnisse und Anliegen der Konfliktparteien ernst zu nehmen. Dem inhärent ist immer auch die (Selbst)Reflexion der eigenen Position als mögliches Machtverhältnis gegenüber den Konfliktparteien (siehe Kapitel 3.4).

Das Ethos der affirmativen und transformativen Anerkennung ist kein starres ethisches Regelsystem, es ist kontextuell-konkret und zugleich universalistisch: kontextuell-konkret, in dem es um den je einzelnen Menschen (in der Mediation um die Konfliktparteien) geht; universalistisch, insofern diese ethische Haltung allen Menschen gegenüber gilt, oder gelten sollte: ungeachtet von Alter, Behinderung, Beeinträchtigung, Aussehen, Sprache, soziale Herkunft, geographische

16 Begrifflich rekurriere ich beim Ethos der Anerkennung auf Taylors Bezeichnung „Politik der Anerkennung" (Taylor 1993). Die Attribute „affirmativ und transformativ" entlehne ich Cavero (1997).

Herkunft, Gender/Queer, sexuelles oder romantisches Begehren, Religion oder Säkularität/Konfessionsfreiheit etc. und ungeachtet der ökonomischen „Nützlichkeit" von Menschen. Aus moralphilosophischer Perspektive wird beim Ethos der affirmativen und transformativen Anerkennung die ethische Frage Kants, „Was soll ich tun?", die er mit dem Kategorischen Imperativ beantwortet,[17] dahingehend umformuliert: „Wie soll ich dich behandeln"? Damit wird der Kantschen Auffassung explizit das >Du< entgegengehalten, das Adriana Cavero (1997: 12) zufolge durch seine Form der Ethik „maskiert (wird), die lediglich von einem *Ich* ausgehen kann, das sich selbst als vertrautes *Du* ansprechen kann". Diese Umformulierung ist zentral, weil sie das Du, den Anderen als Person[18], die Konfliktparteien als autonome und mündige gesellschaftseingebundene Subjekte explizit in das Zentrum stellt. Die Prämissen der Machloket bilden dabei den Hintergrund.

Tipp zur Haltung der diskriminierungskritischen Mediator*in

Ein kurzer Mediationslehrfilm „Diversity orientierte Mediation: Ethisch-dialogische Haltung der Mediatior*innen in der Machloketschen Mediation" visualisiert diese Haltung: https://www.youtube.com/watch?v=Pvw2fqPDm4w [letzter Zugriff: 4.1.2024].

2.2 Wissen: Systemisch-struktureller Fokus und Diskriminierungswissen

Anders als in der Klassischen Mediation gehen diskriminierungskritische Mediator*innen nicht tabula rasa, also nicht ohne Wissen in einen Konfliktlösungsprozess hinein. Denn Konflikte sind immer auch gesellschaftlich kontextualisiert. Bei Bedarf und mit Einverständnis der Konfliktparteien kann die Mediator*in ihr Wissen zur Verfügung stellen und in die Mediation einbringen, womit keine manipulative Intervention gemeint ist. Wesentlich ist selbstredend, dass die Konfliktparteien danach gefragt werden.

---

17 Kant formuliert: „Handle nur nach derjenigen Maxime, durch die du zugleich wollen kannst, daß sie ein allgemeines Gesetz werde." Er zeigt damit, wie eine jeweils subjektive Maxime qualifiziert sein muss, damit sie eine allgemeine Maxime mit universeller Geltung wird. Kant 1957: BA 52. Als zentral hebt Castoriadis hervor, dass es hierbei nicht um die Universalität, sondern um die Forderung einer *möglichen* Universalität geht (siehe Castoriadis 1993: 24).

18 Die Bezugnahme auf die Anderen zeigt in spezifischer Weise Lévinas im Sinne des verantwortlichen Umgangs des Ich mit dem Anderen (Lévinas 1983).

Diskriminierungskritische Mediator*innen zeichnen sich durch einen systemisch-strukturellen Fokus aus, den sie im Konfliktgespräch einbringen können. Dafür eigenen sie sich Wissen über den *historisch-gesellschaftlichen Kontext* und *die strukturelle Eingebundenheit des jeweiligen Konfliktes* an und stellen den Konfliktparteien bei Bedarf Mittel zur Verfügung, ihre Verwobenheit in die jeweiligen gesellschaftlichen Strukturen wahrzunehmen und ihren Konflikt nicht nur im individualisierten Kontext zu verstehen. Der historisch-gesellschaftliche Kontext bedeutet beispielsweise in Bezug auf eine Mediation, in der das Thema Flucht relevant ist, dass die Mediator*in Bescheid weiß über Krieg als Fluchtursache, möglichen Auswirkungen durch den Verlust der Umgebung (Familie, Freunde, Schule etc.), Erfahrungen von Menschen am Fluchtweg, Traumatisierung und Re-Traumatisierung sowie Diskriminierungserfahrungen als geflüchtete Person. Vom historisch-gesellschaftlichen Kontext der Anderen ausgehend, erhöht sich die Möglichkeit, sich vorzustellen, warum sich die Anderen so oder so fühlen, in bestimmter Weise denken, warum sie so handeln usf. und daher die Möglichkeit der gegenseitigen Anerkennung. Ebenso kann das eigene Handeln verständlicher werden und es können gegebenenfalls positive Handlungsbeispiele in der je eigenen Gesellschaft als Vorbilder herangezogen werden. Die strukturelle Eingebundenheit bedeutet, dass die Mediator*in sich kundig macht über strukturelle Bedingungen des Konfliktes: Bei einem Konflikt im Kontext der Sozialen Arbeit können das beispielsweise der Auftrag der Sozialen Arbeit (internationaler Ethikkodex), der Auftrag der Schule, die rechtlichen Verankerungen, die für den Konflikt relevant sind, sein. Aus dieser Perspektive können die Konfliktparteien den eigene Arbeitsauftrag vergegenwärtigen, wodurch der Konflikt in ein anderes Licht gerückt werden kann. Gleichzeitig eignet sich die Mediator*in Wissen an, mit dem sie die Konfliktparteien darin unterstützt, den Konfliktraum hin zur Gesellschaft zu eröffnen. Mit einem systemischen Verständnis macht sie sich kundig, welche gesellschaftlichen Felder und welche Akteure direkt oder indirekt im Umfeld am Konflikt beteiligt sind, z. B. Institutionen, Kommune, Schule, Medien. (Siehe detailliert in Bezug auf Soziale Arbeit und Erwachsenen(weiter)bildungsbereich, Kapitel 4).

Im Kontext von Diskriminierungskonflikten, zeichnet sich die Mediator*in durch *Diskriminierungswissen* aus. Hierbei rekurriert das *Diskriminierungskritische Mediationsverfahren* auf Grundlagen des Erwachsenenweiterbildungskonzept „Social Justice und Diversity" (Czollek/Perko et al. 2019; Czollek/Czollek 2023), die hier nur knapp zusammengefasst werden, u. a.:

- Aufgrund bestimmter Diversitykategorien erfahren Menschen Diskriminierung oder haben Privilegien: u. a. in Bezug auf Alter, Behinderung, Beeinträchtigung, Aussehen, Sprache, soziale Herkunft, geographische Herkunft, Geschlecht/Gender/Queer, sexuelles oder romantisches Begehren, Religion oder Säkularität/Konfessionsfreiheit.

- Diversitykategorien stehen in Verbindung mit jeweils spezifischen Diskriminierungsformen: wie Antisemitismus, Klassismus, Rassismus [u. a. Anti-Schwarzer Rassismus, Anti-Muslimischer Rassismus, Anti-Slawischer Rassismus, Anti-Asiatischer Rassismus], Antiromaismus/Antisintiismus [bzw. Rassismus gegen Roma/Sinti//Rom*nja/Sinti*zze], Migratismus, Ableismus, Ageismus, Adultismus, Sexismus, Homo- und Transmiseoismus.
- Diskriminierungsrealitäten sind in gesellschaftliche Macht- und Herrschaftsverhältnisse eingebettet.
- Im Fokus steht Strukturelle Diskriminierung, also nicht ausschließlich Alltagsdiskriminierung, sondern das historisch und gegenwärtig tief in gesellschaftlichen Feldern verankerte Zusammenspiel individueller, institutioneller (inklusive rechtlicher) und kultureller Diskriminierungspraxen.
- Jede Diskriminierungsform hat seine eigene Geschichte und gegenwärtige Erscheinungsweise. Gleichzeitig sind sie miteinander verwoben und stabilisieren sich wirkmächtig gegenseitig. Diese als Systemische Intersektionalität bezeichnete Verwobenheit verdeutlicht nicht zuletzt ihre Verankerung in verschiedenen gesellschaftlichen Feldern und lässt auch neue Figuren der Diskriminierung entstehen. Diskriminierung ist nicht beliebig, sondern ist (in Anlehnung an Iris Marion Young, 1996) durch folgende Charakteristika bestimmt: „(...) der Anwendung von Gewalt, der Erzeugung von Machtlosigkeit, der Durchsetzung hegemonialer Kulturvorstellungen, Praxen von Ausbeutung und Marginalisierung und, so fügen wir hinzu, anhand von Prozessen der Exklusion" (Czollek/Perko et al. 2019: 26–27).
- Mit Struktureller Diskriminierung gehen Stereotype einher, also Verallgemeinerungen, die Menschen und sozialen Gruppen bestimmte Eigenschaften, Verhaltensweisen und Fähigkeiten zuweisen. Strukturelle Diskriminierung ist ferner geprägt durch Mechanismen, die in verschiedenen Diskriminierungsformen auftreten, wie das Othering, wodurch Menschen aus dominanzkultureller Perspektive zu Anderen im negativen Sinne gemacht werden.
- Diskriminierungsformen sind historisch in der Diskriminierungsmatrix tief verankert. Sie beschreibt das Koordinatenfeld, in dem Strukturelle Diskriminierung reproduziert und aktualisiert werden kann und verweist auf die historische Gewordenheit von Diversitätskategorien und mit ihnen verbundene Diskriminierungsformen, die bis in die Gegenwart reichen. Immer wieder können aber auch neue Diskriminierungsformen entstehen.
- Diskriminierungsformen werden nicht dahingehend bewertet, dass eine Form von Diskriminierung gravierender sei als eine andere. Ausgangspunkt ist, dass jede Form von Diskriminierung für jene furchtbar ist, die davon getroffen sind.

In dem Konfliktgespräch wird vor dem Hintergrund dieses Diskriminierungswissens mit einer diskriminierungskritischen Perspektive dahingehend gearbeitet, dass divergierende Machtpositionen, Machdynamiken, unterschiedliche Ressourcen, Privilegien und Ausgangslagen, erlebte oder gefühlte Benachteiligungen und Diskriminierung aussprechbar werden und bei der Konfliktlösung eine Rolle spielen. Die diskriminierungskritische Mediator*in berücksichtigt dabei persönliche Unterschiede, aber auch gesellschaftliche Aspekte im Hinblick auf Diskriminierungserfahrungen von Konfliktparteien. Spielen im Konflikt identitätspolitische Diskriminierungsdiskurse eine Rolle, in denen es um die „Konkurrenz zwischen diskriminierten Personen" geht, und darüber eine Deutungsmacht oder eine besondere Sprechposition eingefordert wird, so kann die Mediator*in mit ihrem Wissen Überlegungen vermitteln, inwiefern eine Enthierarchisierung von Diskriminierungsformen von Bedeutung ist. Hierbei kann sie die Systemische Intersektionalität in Bezug auf ihre Verankerung in verschiedenen gesellschaftlichen Feldern beispielsweise mit einem dafür gut geeigneten Kartenset (siehe Czollek/Eifler et al. 2021) und einer Aufstellung ebenso aufzeigen wie Bedrohungsszenarien, denen von Diskriminierung getroffene Menschen ausgesetzt sind, ungeachtet dessen, um welche Diskriminierungsform es sich handelt (diese Methoden werden im Kapitel 2.3 dargestellt).

In Bezug auf Diversity (radikale Verschiedenheit von Menschen) der Konfliktparteien und Diskriminierungserfahrungen ist die Rolle der Mediator*innen eine moderierende und vermittelnde, die bei Bedarf aktiv unterstützt, indem sie ihr Wissen zur Verfügung stellt. Dadurch soll nicht zuletzt eine Transformation[19] der involvierten Konfliktpersonen ermöglicht, ihre Stärken und die jeweiligen Anerkennungen gefördert werden. Gleichzeitig stehen vor allem bei Konflikten, die es in Arbeitszusammenhängen in Bezug auf dritte Personen gibt, diese im Mittelpunkt, weil sie die mögliche Lösung des Konfliktes unmittelbar betrifft (hier wird im Mediationssetting z. B. ein Stuhl für die nicht anwesende Person bereitgestellt). Werden verschiedene Perspektiven wahrnehmbar gemacht, so bedeutet das im Prozess der Mediation keine Beliebigkeit. Wie bei der Haltung der diskriminierungskritischen Mediator*in beschrieben, liegt die Grenze des mediatorisch Besprechbaren an der Stelle, wo Konfliktparteien bewusst diskriminierende Praxen, beispielsweise verbal, anwenden und sie trotz Intervention weiterführen.

Mediationen spielen sich zumeist in Sprach-/Handlungsräumen ab. Ungeachtet in welcher Sprache eine Mediation durchgeführt wird, ist ein Verständnis der *diskriminierungsfreien (anerkennenden) Sprache* erforderlich. Das bedeutet, dass die Mediator*in sich mit Sprache auseinandersetzen muss: „Sprache ist wie Tun und Handeln nie nur (bewusste oder unbewusste) wirkungslose Äußerung, sondern

---

19 Transformation in diesem Zusammenhang bedeutet Veränderung, Umgestaltung der je eigenen Perspektiven, Positionen, Interessen (der Begriff kommt von transformare, trans= hinüber; formare = formieren, gestalten). Hier greifen wir beim *Diskriminierungskritischen Mediationsverfahren nach Czollek/Perko* Elemente der Transformativen Mediation auf (Bush/Folger 1994).

hat immer auch eine Wirkung, kann immer auch für andere Menschen verletzend, diskriminierend oder wertschätzend und anerkennend sein." (Czollek / Perko et al. 2012: 18) In der Mediation ist es daher notwendig, eine Sensibilität dafür haben, wie das eigene Sprechen der Mediator*in und das von den Konfliktparteien (absichtlich oder unbeabsichtigt) Geäußerte auf die jeweils anderen Personen wirken kann. Sprache ist mit bestimmten Denkschemata verbunden und durch zwei Momente charakterisiert: Einerseits durch ihre identitäts- und mengenlogische Dimension, andererseits durch ihre magmalogische (mehrlogische) Dimension (Castoriadis 1984). Ersteres bedeutet, dass Sprache so strukturiert ist, dass ihr durch Bestimmungen und Kategorisierungen exkludierende Momente inhärent sind, insofern aus A notwendigerweise B folgt (normative Logik). Daraus ergeben sich bewertend-hierarchisierenden Polarisierungen, die nicht selten die Basis diskriminierender Äußerungen bilden (beispielsweise gründen Rassismen in der deutschen Sprache auf derartige Polarisierungen). Zweiteres bedeutet, dass Sprache immer über diese normative Logik hinausgeht, einen Bedeutungsüberschuss produziert, offen ist für neue Bedeutungen und Bedeutungskreationen. Dies birgt das Potential, Sprache zu verändern und zu einem kritischen Instrument gegen Diskriminierung zu machen. Zugleich findet Sprache immer in einem gesellschaftlichen Kontext statt, also innerhalb von Macht- und Herrschaftsverhältnissen. Die Reflexion dieses Eingebundenseins und das Entwickeln eines Verständnisses dafür, dass Sprache diskriminierend sein kann, selbst wenn das der Intention der Sprecher*innen nicht entspricht, gehört zum Wissen der diskriminierungskritischen Mediator*in, die es im Konfliktgespräch thematisierbar und reflektierbar macht. Das betrifft ableistische Sprache, die tief in der deutschen Sprache verankert ist, antisemitische Sprache, die nationalsozialistische Sprachbilder beinhaltet, welche in die gegenwärtige Alltagssprache einer postnationalsozialistischen Gesellschaft fortgeschrieben wurden oder sich in der Verunglimpfung und negativen Umwandlung der jiddischen Sprache zeigt. Das betrifft ebenso rassistische Sprache, die sich in einer postkolonialen Gesellschaft auch in kolonialen Sprach- / Bildern manifestiert. Es betrifft ferner klassistische und sexistische Sprache, die ebenso auf Abwertung und Diffamierung von Personen abzielt und jeweils historisch tief verankert ist und Kontinuitäten bis in die Gegenwart aufweist. In Bezug auf alle diskriminierenden Äußerungen spielen Begriffe und Bezeichnungen eine große Rolle. Da sich diese über die Zeit immer wieder verändern, muss eine diskriminierungskritische Mediator*in den eigenen Sprachgebrauch immer wieder überprüfen und gegebenenfalls aktualisieren. Eine anerkennende (nicht-diskriminierende) Sprache ermöglicht im Konfliktgespräch eine zuhörende und fragende Aufmerksamkeit, bei der die Perspektiven der jeweiligen Konfliktparteien wahrnehmbar werden können.[20]

---

20 Siehe auch: Perko, Vortrag „Sprache und Gerechtigkeit", 50. Römerberggesprächen "Sprache. Macht. Gerechtigkeit. Wer darf wie reden?" am 6. November 2021 im Chagallsaal des Schau-

Das Wissens der diskriminierungskritischen Mediator*in, das sich der Macht- und Herrschaftsverhältnisse und darin eingebetteten Diskriminierungsrealitäten ebenso bewusst ist wie der Machtdynamiken, die außerhalb und innerhalb der Mediation eine Rolle spielt, kann bei Bedarf mittels verschiedener Methoden in die Mediation eingebracht oder als Elemente der Mediation in Konfliktgesprächen verwendet werden.

2.3 Können: Diskriminierungskritische Methoden und Techniken

Das beschriebene Wissen der diskriminierungskritischen Mediator*in bedarf der Fähigkeit, es in dem Konfliktlösungsverfahren umsetzen zu können. Hierbei werden Methoden und Techniken angewendet, die aus der Klassischen Mediation oder aus anderen Mediationsverfahren bekannt sind. Doch existieren in der diskriminierungskritischen Mediation spezifische, eigens entwickelte Methoden und Techniken, die hier erstmalig und exemplarisch dargelegt werden.

Mit der Haltung der Machloket greift die *Diskriminierungskritische Mediation* auf grundlegende Techniken der Klassischen Mediation zurück: Aktives Zuhören, Reframing, Paraphrase. In der Kommunikation geht es nicht um die Absichten, sondern um die Wirkungen: Ich sage A, Du verstehst B. Mitunter hat die Absicht (A) nichts mit der Wirkung (B) zu tun. Das kann zu Missverständnissen zwischen den Konfliktparteien führen. Um den Missverständnissen professionell zu begegnen, sind klassische Kommunikationstechniken auch in der Diskriminierungskritischen Mediation geeignete Mittel, u. a.: Beim Aktiven Zuhören können die Absicht oder die Interessen der Konfliktparteien wahrnehmbar gemacht werden, indem die Mediator*in nach den Gefühlen der Konfliktparteien fragt, ohne sie zu bewerten. Das Reframing ermöglicht eine Neurahmung, um den Konflikt in eine andere (positive) Sichtweise zu stellen. Die Paraphrase, also die Wiederholung des Gesagten in eigenen Worten, ermöglicht die Vergewisserung, das Gesagte richtig verstanden zu haben. Alle drei Techniken intendieren das gegenseitige Verständnis der Konfliktparteien, um den Konflikt zu erhellen und letztlich Lösungsmöglichkeiten auszuloten und zu vereinbaren. Zudem können in der Diskriminierungskritischen Mediation Methoden und Techniken angewendet werden, die aus anderen als das Klassische Mediationsverfahren bekannt sind. Einen kreativen Zugang hat, um ein Beispiel zu nennen, Ed Watzke vor geraumer Zeit beschrieben, wobei er sich auf u. a. Storytelling, Metapherbrücken oder Staffelrad bezieht (Watzke 1997; 2008).

---

spiel Frankfurt. Online unter: https://www.youtube.com/watch?v=nPljj-vB59o [letzter Zugriff: 16.12.2023].

Bei den spezifischen Methoden und Techniken der Diskriminierungskritischen Mediation ist zentral, dass das Gespräch, das Miteinander Sprechen und Erarbeiten von Konfliktlösungen der Konfliktparteien im Zentrum steht. So werden sie nur bei Bedarf und nach Nachfragen eingebracht und gemeinsam mit den Konfliktparteien besprochen.

Perspektivenwechsel, Perspektivenvielfalt, Perspektivenverschiebung

Um im Konfliktgespräch den Einbezug des historisch-gesellschaftlichen Kontextes, die strukturelle Eingebundenheit des jeweiligen Konfliktes und die Eröffnung des Konfliktraums hin zur Gesellschaft zu unterstützen, wendet die diskriminierungskritische Mediator*in mit der Haltung der Machloket Methoden an, die sich mit den 3 P beschreiben lassen:

- der *Perspektivenwechsel* mit der Intention das gegenseitige Verstehen der je anderen Perspektiven der Konfliktparteien zu ermöglichen,
- die *Perspektivenvielfalt* mit der Intention, dass die Konfliktparteien weitere Sichtweisen einbeziehen als ihre eigenen,
- die *Perspektivenverschiebung* mit der Intention, dass mögliche Lebensumstände, Sichtweisen und Bedürfnisse hereingeholt werden, wenn sich ein Konflikt in Bezug auf andere Personen entzündet.

Um die Intention der drei P im Konfliktgespräch zu ermöglichen, nimmt die Mediator*in eine fragende Rolle ein und kann dabei einzelne Techniken anwenden. Beispielsweise kann ein weiterer Stuhl bzw. weitere Stühle in den Mediationsraum gestellt werden, um abwesende Personen zu repräsentieren. Hierbei kann die Mediator*in die Konfliktparteien auch darum bitten, am Stuhl Platz zu nehmen, um sich in die Lage der abwesenden Person zu versetzen und damit eine Perspektivenverschiebung zu ermöglichen. Im Hinblick auf die Perspektivenvielfalt kann die Mediator*in, wiederum fragend, dazu anregen, weitere als vorhandene Sichtweisen auf den Konflikt zu überlegen. Gegebenenfalls kann sie selbst welche einbringen. Die Technik des Stuhles kann auch angewendet werden, um einen gegenseitigen Perspektivenwechsel anzuregen. Hier bittet die Mediator*in die jeweiligen Konfliktparteien darum, sich jeweils auf den Stuhl der anderen Konfliktpartei zu setzen und zu versuchen, ihre Sichtweise einzunehmen.

Geht es um Diskriminierung, von der Konfliktparteien jeweils getroffen sind, aber keine Empathie für die jeweils anderen Erfahrungen aufbringen, kann eine weitere Technik, „die Last im mitgebrachten Rucksack“, angewendet werden.

Die Last im mitgebrachten Rucksack

Hier werden die Konfliktparteien gebeten, einen Rucksack mit schweren Gegenständen wie Bücher oder Steine etc., welche die Mediator*in bereit stellt, zu füllen und auf den Rücken zu geben.

Die Schwere der Last, welche die Konfliktparteien im Hinblick auf ihre Diskriminierungserfahrungen (beispielsweise in Bezug auf Klassismus, Sexismus, Rassismus, Antisemitismus) mitbringen, wird damit metaphorisch verdeutlicht und spürbar gemacht. Die Konfliktparteien werden gebeten, über ihre Erfahrungen und ihre Last zu sprechen. Das gegenseitige Verständnis wird dadurch hervorgerufen, dass die Konfliktparteien nach einer Zeit der eigenen Auseinandersetzung mit ihren eigenen Erfahrungen und der Möglichkeit darüber zu erzählen, was sie wie erleben, gebeten werden, den je anderen Rucksack zu nehmen. Über diesen Perspektivenwechsel wird ein Verständnis der Last der je anderen erzielt, wodurch ein Gespräch ermöglicht wird, in dem eine Enthierarchisierung von Diskriminierungsformen erfolgen kann. So kann beispielsweise eine Konfliktpartei, die Rassismus erlebt, Empathie entwickeln für eine andere Konfliktpartei, die Klassismus erfährt und umgekehrt.

Entgegen des Kampfes der Positionen kann sich mit Unterstützung dieser Methode im Konfliktgespräch ein gegenseitiges Verständnis zwischen den Konfliktparteien entwickeln.

Übernahme der Stimmen des Nicht-Ausgesprochenen

Wird im Konfliktgespräch bemerkbar, dass es um Diskriminierung geht, eine der Konfliktparteien dies aber nicht ansprechen kann, oder das Thema tabuisiert wird, dann kann eine weitere Technik, „Übernahme der Stimmen des Nicht-Ausgesprochenen“ einen Perspektivenwechsel, eine Perspektivenvielfalt oder eine Perspektivenverschiebung zugunsten des gegenseitigen Verstehens ermöglichen.

Diskriminierungskritische Mediator*innen greifen mit dieser Technik direkter in das Mediationsverfahren ein und geben in bestimmten Situationen die neutrale Distanz auf. Das kann in folgenden Fällen geschehen:

- Wenn die Mediator*in bemerkt, dass eine der Konfliktparteien ein Thema nicht ansprechen kann oder es tabuisiert, dann kann sich die Mediator*in mit Einverständnis der Konfliktpartei hinter die Person stellen und die Stimme des Nicht-Ausgesprochenen für diese übernehmen.
- Wenn ein Konflikt eine oder mehrere Personen betrifft, die nicht anwesend sind, kann die Mediator*in die Stimme dieser wahrnehmbar machen. Hier-

bei wird das Mediationssetting durch einen Stuhl für eine nicht anwesende Person erweitert.

Diese Formen ermöglichen für den weiteren Verlauf des Konfliktlösungsverfahrens, verschwiegene, oftmals tabuisierte Themen wie Diskriminierung aufgreifbar und Sichtweisen wahrnehmbar zu machen, und durch den fragenden Charakter, den die Mediator*in dabei einnimmt, einen Perspektivenwechsel, eine Perspektivenvielfalt und eine Perspektivenverschiebung bewirken.

Diskriminierungsmatrix und Systemische Intersektionalität

In manchen Mediationen ist es sinnvoll, die historisch-gegenwärtige Komplexität von Diskriminierung zu verdeutlichen, um den Konflikt in ein umfassenderes Gefüge zu rücken. Hier kann die Methode „Diskriminierungsmatrix und Systemische Intersektionalität" angewendet werden.

Geht es im Konfliktgespräch um das Thema Diskriminierung, kann die Mediator*in die Konfliktparteien danach fragen, ob sie ihr Wissen darüber einbringen soll, wenn die Konfliktparteien das Thema nicht selbst ansprechen oder es tabuisieren. Als Tool eignet sich dafür das Kartenset (68 Trainingskarten. Social Justice und Diversity. Für eine Gesellschaft der Radikalen Vielfalt, Czollek/Eifler et al. 2021), um ein tieferes Verständnis der Diskriminierungsmatrix, der historisch-gesellschaftlich verankerten Diskriminierungsformen und ihre Systemische Intersektionalität besprechbar zu machen. Diese Methode eignet sich insbesondere bei Diskriminierungskonflikten in Gruppen.

Veranschaulichung der Diskriminierungsmatrix

> „Die Diskriminierungsmatrix fungiert als Nährboden für gegenwärtige Strukturelle Diskriminierung und ist gesellschaftlich-geschichtlich tief verankert. In ihrem Koordinatenfeld entfalten sich die einzelnen Diskriminierungsformen, die durch die Geschichte in die Gegenwart wirken – und darüber hinaus. (...) Durch diese historischen Schichtungen eines, wie Castoriadis (1984) es nennt, *gesellschaftlich-geschichtlichen Imaginären*, hat die Diskriminierungsmatrix einen wesentlichen Anteil daran, wie sich Diskriminierungsformen in der Gegenwart manifestieren und trägt zu ihrer Stabilität und Reproduktion bei." (Czollek/Perko et al. 2019: 34, 35)

Gerade in Gruppenmediationen bietet es sich an, das Thema Diskriminierung mit der Methode Veranschaulichung der Diskriminierungsmatrix besprechbar zu machen. Hier kann die Mediator*in zunächst *Diversitykategorien* (wie Alter, Geschlecht, soziale Herkunft etc.) auf einen Tisch legen. Daran anschließend werden die *Diskriminierungsformen* (wie Antisemitismus, Klassismus, Rassismus etc.) hinzugefügt und besprochen, inwiefern Diversitykategorien als Regulativa fungieren, diskriminiert zu werden oder privilegiert zu sein. Über diese Karten werden danach *Charakteristika von Diskriminierung* (Gewalt, Machtlosigkeit, hegemonialer Kulturvorstellungen, Ausbeutung, Marginalisierung, Exklusion) gelegt und besprochen. Darüber werden Karten zu *Mechanismen von Diskriminierung* (wie Othering, Stigmatisierung, Stereotypisierung, Verachtung) gelegt. Anhand von konkreten Beispielen zu verschiedenen Diskriminierungsformen wird das Geflecht, das sich durch die Karten ergibt, in der Mediation besprechbar gemacht. Gezeigt kann werden, wie sich gegenwärtige Diskriminierungsformen auf die historisch-gesellschaftlich tief verankerte Diskriminierungsmatrix beziehen, Kontinuitäten bis in die Gegenwart aufweisen, (re)produziert werden, in neuen Gewändern erscheinen, aber auch als neue Formen von Diskriminierung entstehen können. Folgende Grafik veranschaulicht diese Methode:

Abbildung 2: Gudrun Perko 2023

Die Diskriminierungsmatrix verdeutlicht die historische Verankerung von Diskriminierungsformen und ihre Systemische Intersektionalität, die sich über – historisch ebenso verankerten – Zuordnungen von Diversitykategorien legen und über die Charakteristika von Diskriminierung und deren Mechanismen zu einem Geflecht verhärten. Folgende Grafik soll das veranschaulichen.

Abbildung 3: Czollek/Perko et al. 2019: 35 (modifiziert 2023)

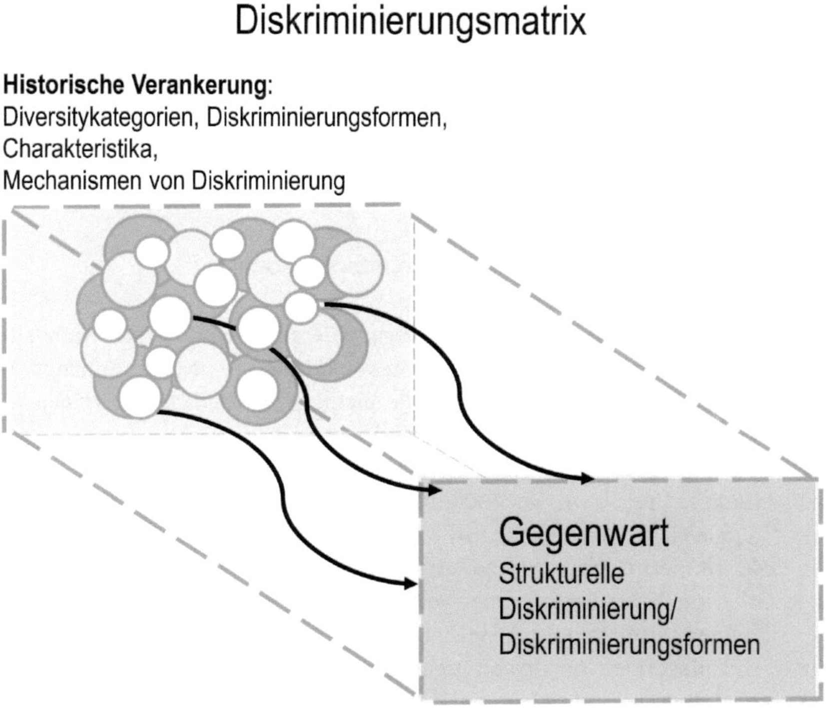

Mit dieser Veranschaulichung kann in der Mediation der strukturelle Charakter von Diskriminierung durch das Zusammenwirken diskriminierender Praxen auf individueller, kultureller und institutioneller Ebene besprechbar werden. Gezeigt kann werden, dass Strukturelle Diskriminierung auf Grundlage unterschiedlicher, historisch wandelbarer Diskriminierungsformen hergestellt wird, die wiederum mit bestimmten Diversitykategorien korrelieren. Dabei geht es nicht um die Suche eines Ursprunges der Entstehung von Diskriminierungsformen oder Diversitykategorien in der Mediation. Vielmehr geht es um Fragen nach ihrem Geworden-Sein[21] und nach der je individuellen Verstricktheit in der Diskriminierungsmatrix. Diese kann sich zeigen durch diskriminierende, absichtliche oder unbeabsichtigte Äußerungen und Handlungen, durch Akzeptanz diskriminierender Praxen (u. a. um eigene Privilegien aufrechtzuerhalten oder aus Gewohnheit), durch Ignoranz und Gleichgültigkeit jener Praxen gegenüber, aber auch auf eine andere Art und Weise durch eigene Diskriminierungserfahrungen.

21 Damit ist keine deterministische, also logisch-notwendige Entwicklung gemeint.

Wird in der Mediation der Raum geöffnet, darüber miteinander zu sprechen, kann es zum gegenseitigen Verständnis, bei diskriminierenden Praxen zu Veränderungen im Verhalten oder Sprechen oder zur Reflexion eigener Verhaltensweisen kommen. Die Veranschaulichung der Diskriminierungsmatrix bleibt während des gesamten Konfliktgespräches für die Konfliktparteien wahrnehmbar, um immer wieder im Konfliktgespräch darauf zurückkommen zu können.

Veranschaulichung der Systemischen Intersektionalität

Diskriminierungsformen haben eine je eigene Geschichte und Erscheinungsformen. Gleichzeitig sind sie miteinander verwoben. Dafür wurde im Konzept „Social Justice und Diversity" erstmalig die Bezeichnung *Systemische Intersektionalität* etabliert.

Sie unterstreicht, dass es um die Erweiterung der Triade „class, race, gender" (Kimberlé Crenshaw 1989/2004; Patricia Hill Collins 1998; bell hooks 2000) geht.[22] Zugleich verweist der Begriff darauf, dass sich innerhalb der verschiedenen Diskriminierungsformen und auch zwischen ihnen ähnliche Mechanismen (z. B. Othering, Stereotypisierung, Verachtung, Abwertung) und Zuschreibungen aufzeigen lassen, wodurch sie sich gegenseitig stabilisieren und verhärten. Personen können gleichzeitig von mehreren Diskriminierungsformen getroffen sein, wobei die Gleichzeitigkeit nicht Mehrfachdiskriminierung im Sinne einer Addition bedeutet. Vielmehr können neue Figuren der Diskriminierung entstehen. So entsteht eine neue Figur beispielsweise im Hinblick auf Adultismus und Rassismus, wenn junge Männer Migrationszuschreibungen erfahren. Die Ähnlichkeit der Mechanismen bestehen unter anderem in flexiblen Zuschreibungen, beispielsweise das Stereotyp der Wanderschaft als Zuschreibung bei Juden*Jüdinnen, Roma/Sinti//Rom*nja/Sinti*zze und damit verbunden die Vorstellung des nicht Kontrollierbaren. (Siehe im Detail: Czollek/Perko et al. 2023: 9 f.) Für

22 Die Etablierung der *Systemischen Intersektionalität* zeigt eine Erweiterung und Aktualisierung der Bedeutung von Intersektionalität, wie sie in Deutschland etwa von August Bebel (1879) und Clara Zetkin (1889) im Hinblick auf die Intersektionalität in Bezug auf Gender und Klasse, also die Diskriminierung aufgrund der spezifischen Klassenposition von Frauen, und in Frankreich von Simone de Beauvoir (1951; 2000) hinsichtlich der Verwobenheit von Gender (Frausein), Klasse und Alter thematisiert wurde. Ein Intersektionalitätsdenken entstand auch im Umfeld feministischer Bewegungen Schwarzer Frauen in den USA und bezog sich zunächst vorwiegend auf die Triade 'race', 'class' und 'gender'. Der Begriff „intersectionality" respektive „intersectional oppression" (sich überschneidende Unterdrückung) wurden in den USA von Kimberlé Crenshaw (1989; 2004) im Kontext der US-Amerikanischen Rechtsprechung geprägt und auf wissenschaftlich-analytischer Ebene eingeführt und von Patricia Hill Collins (1998), Bell Hooks (2000) und anderen (u. a. Knapp und Wetterer 1999) weitergedacht und in der bestehenden Literatur auch erweitert, beispielsweise um die Kategorie des Körpers (Winker und Degele 2009).

eine *Diskriminierungskritische Mediation* ermöglicht diese Auffassung, die Komplexität und Verwobenheit von Diskriminierungserfahrungen im Konfliktgespräch aufgreifen und professionell damit umgehen zu können.

Für die Mediation zentral ist eine weitere Bedeutung der Systemischen Intersektionalität, nämlich die gleichzeitige Verankerung von Diskriminierung in verschiedenen gesellschaftlichen Feldern: „Zudem kann die Systemische Intersektionalität als ein verwobenes Netz vorgestellt werden, in dem sämtliche gesellschafts-politischen Felder wie Bildung, Arbeitsmarkt, Wohnungsmarkt, Dienstleistungsmarkt, Gesundheitswesen etc. als Strukturen gesehen werden, über die Zugänge oder Nicht-Zugänge und Beteiligungsmöglichkeiten oder nicht-Beteiligungsmöglichkeiten von Menschen geregelt werden. Im Sinne von Diskriminierung und/oder Privilegierung zeigt dieses verwobene Netz der Systemischen Intersektionalität, wie bestimmte Menschen aufgrund bestimmter Diversitätsmerkmale gesellschaftlich verortet sind und werden." (Czollek / Perko 2022: 30)

Strukturelle Diskriminierung ist also nicht nur Ergebnis des Zusammenwirkens individueller, institutioneller und kultureller Ebenen, sondern auch eines Zusammenspiels unterschiedlicher, gesellschaftlicher Felder, die eine Permeabilität, also eine Durchlässigkeit aufweisen und nicht hermetisch abgeschlossen sind. Folgende Grafik soll das veranschaulichen:

Abbildung 4: Gudrun Perko 2023

Dieser systemische Ansatz, der wiederum die Vielschichtigkeit von Diskriminierungsrealitäten und -erfahrungen verdeutlicht, kann in der Mediation bei Bedarf dargestellt und wahrnehmbar gemacht werden. Veranschaulicht kann das beispielsweise werden, wenn die Mediator*in die Konfliktparteien bittet, die gesellschaftlichen Felder auf einen Tisch zu legen, danach die Diskriminierungsformen, die in diesen Feldern geschehen. Die Konfliktparteien verorten sich danach selbst, beispielsweise mit systemischen Aufstellungsfiguren (in der Grafik vereinfacht mit Figuren dargestellt). Dann kann die Mediatori*n die Konfliktparteien bitten, ein Stück Wollfaden zu verwenden, die damit über die gesellschaftlichen Felder und Diskriminierungsformen eine Struktur entspinnen, welche die Beteiligten immer mehr miteinander verbindet und verstrickt (in der Grafik dargestellt durch das Netz). Das verbildlicht das verwobene Netz unterschiedlicher Diskriminierungsformen in den verschiedenen gesellschaftlichen Feldern (Systemische Intersektionalität) und kann bei Konfliktparteien Anlass für eine Reflexion der individuellen Verstrickung mit Struktureller Diskriminierung bieten, worüber im Konfliktgespräch gemeinsam gesprochen wird. Dabei können die Konfliktparteien in bestimmten Bereichen diskriminiert sein, gleichzeitig in anderen Bereichen privilegiert, sie können selbst diskriminieren. Sie sind mit unterschiedlichen Kapitalsorten und verinnerlichten Habitusstrukturen verbunden mit den gesellschaftlichen Feldern, in denen sie sich bewegen. Dabei können sie stabilisierend, destabilisierend auf sie einwirken, können sie aber auch verändern (siehe zu Feldtheorie und Habitus, Bourdieu 1992, 1987, 1996).

Die Veranschaulichung der Systemischen Intersektionalität bleibt während des gesamten Konfliktgespräches für die Konfliktparteien wahrnehmbar, um immer wieder im Konfliktgespräch darauf zurückkommen zu können. Nachdem die Diskriminierungsmatrix und die Systemische Intersektionalität in Verbindung mit gegenwärtigen Diskriminierungsformen veranschaulicht und besprochen wurde, geht es im Konfliktgespräch um die jeweilige Verstricktheit der Konfliktparteien.

Im Zentrum stehen hierbei wiederum, einen Perspektivenwechsel, eine Perspektivenvielfalt und eine Perspektivenverschiebung zu erreichen, und damit ein gegenseitiges Verständnis der jeweiligen Perspektiven der Konfliktparteien.

Veranschaulichung von Bedrohungsszenarien

Bei manchen Diskriminierungskonflikten wird ein gesellschaftlicher Raum, in dem Diskriminierungsrealitäten strukturell verankert und Bedrohungsszenarien Realität sind, vernachlässigt. Sie beeinflussen nicht selten den Konflikt, verhärten ihn. Eine visuelle Veranschaulichung kann in der Mediation verdeutlichen, welche gesellschafts-politischen Szenarien im Konfliktraum sind, wodurch Auswirkungen auf die jeweiligen Konfliktparteien besprechbar werden. Auch diese Methode wendet die diskriminierungskritische Mediator*in nur bei Bedarf und mit Nachfrage an. Die hier dargestellte Grafik, in der Bedrohungsszenarien exemplarisch gezeigt werden, wird mit den Konfliktparteien gemeinsam erarbeitet und im Hinblick darauf besprochen, welche Auswirkungen diese Szenarien für ihren Konflikt haben könnten.

Abbildung 5: Gudrun Perko 2023

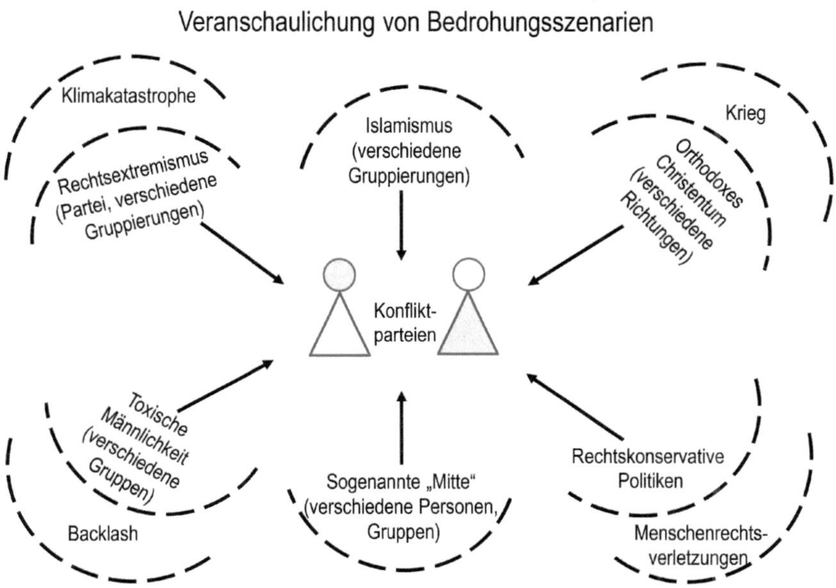

Diskriminierungskonflikte sind geprägt von einem gesellschaftlichen Klima, in dem Praxen von Diskriminierung gängig sind. Ausgehend von Gruppierungen, Parteien, Einzelpersonen können Konfliktparteien – je nach Kontext – Strukturelle Diskriminierung erleben: wie Antisemitismus, Klassismus, Rassismus [u. a. Anti-Schwarzer Rassismus, Anti-Muslimischer Rassismus, Anti-Slawischer Rassismus, Anti-Asiatischer Rassismus], Antiromaismus / Antisintiismus [bzw. Rassismus gegen Roma / Sinti / / Rom*nja / Sinti*zze], Migratismus, Ableismus, Ageismus, Adultismus, Sexismus, Homo- und Transmiseoismus. Rechtsextremismus, Islamismus, orthodoxes Christentum, toxische Männlichkeit u. a. prägen Bedrohungsszenarien. Doch finden sich diese Praxen nicht nur in den Extremen. Auch die sogenannte „Mitte der Gesellschaft" gilt als Akteur: im Wegsehen und Zulassen, im Ignorieren oder aktiv diskriminieren.

Für die Konfliktparteien kann das konkret bedeuten, dass sie die Bedrohungsszenarien direkt erleben. Dabei können diese auch von Freund*innen, der Familie, Arbeitskolleg*innen ausgehen, die in eine der genannten Gruppen verstrickt oder aktiv sind. Verbunden damit kann ein tiefes Misstrauen existieren, weil diese Verstricktheit nicht immer gewusst wird, manchmal plötzlich deutlich wird. Eingebettet sind diese Szenarien in ein gesellschaftliches Umfeld (Kriege, Klimakatastrophe, Menschenrechtsverletzungen beispielsweise in Bezug auf geflüchtete Menschen an der EU-Außengrenze) oder in ein Backlash im Hinblick auf Errungenschaften der Geschlechterpluralität. Wird in der Mediation diese Komplexität hereingeholt, dann erhält ein Konflikt eine ganz andere, erweiterte Dimension, wodurch die Konfliktparteien die jeweilige Perspektive des Gegenübers möglicherweise besser verstehen und den Konflikt aus einer anderen Richtung erkennen können.

In der Mediation geht es mit dieser Methode wiederum darum, einen Perspektivenwechsel, eine Perspektivenvielfalt und eine Perspektivenverschiebung bei den Konfliktparteien zu ermöglichen. Auch bei dieser Methode ist die beschrieben Technik des „mitgebrachten Rucksackes" gut anwendbar.

Diskriminierungsdiskurse im Konfliktraum

Mediatorische Erfahrungen zeigen, dass gegenwärtig existierende Diskriminierungsdiskurse in Arbeitsbereiche (Team in der Sozialen Arbeit, Gruppen im Erwachsenen(weiter)bildungsbereich) hineingetragen werden, wodurch es nicht selten zu Diskriminierungskonflikten kommt. Wird ein Konfliktgespräch in Form einer Mediation oder unter Anwendung von Elementen der Mediation geführt, dann können jene Diskurse das Geschehen prägen. Es kann zur Verhärtung einzelner Positionen kommen, wobei die Perspektiven der jeweils Anderen nicht wahrgenommen werden. Dabei kann es zur „Konkurrenz zwischen diskriminierten Personen", zu einseitigen Vorwürfen oder dazu kommen, dem Gegenüber das Recht auf Mitsprache etc. abzusprechen (zu Diskriminierungskonfliktarten, siehe Kapitel 1).

Die folgende Grafik zeigt Ausschnitte aus solchen Diskriminierungsdiskursen, die insbesondere durch Social Media öffentlich werden:

Abbildung 6: Gudrun Perko 2023

Spielen solche Diskriminierungsdiskurse in einer Mediation eine Rolle, kann die Mediator*in dazu anregen, diese Diskurse auf den Tisch zu legen, also direkt anzusprechen. Sie kann die Konfliktparteien darum bitte, offenzulegen, ob und wie sie selbst in Stränge dieser Diskurse eingebettet sind, was sie davon halten, welche Machtdynamiken dahinter liegen, was einzelne dieser Äußerungen bei ihnen bewirken etc.

In der Mediation geht es mit dieser Methode wiederum darum, einen Perspektivenwechsel, eine Perspektivenvielfalt und eine Perspektivenverschiebung zu ermöglichen. Im Konfliktgespräch kann die Mediator*in hierbei schließlich anregen, Prämissen der Machloket aufzugreifen, wie etwa, dass das Individuum nicht als Repräsentant*in einer Gruppe, einer Gesellschaft oder eines Diskurses spricht, dass es darum geht, sich auf die radikale Fremdheit des Gegenübers einzulassen oder dass es um einen anerkennenden Umgang miteinander geht.

3. Das Diskriminierungskritische Mediationsverfahren nach Czollek/Perko

In einer ersten Version wurde das *Diskriminierungskritische Mediationsverfahren* von Leah Carola Czollek und Gudrun Perko mit der Bezeichnung *Mahloquet als integrative Methode des Dialoges: ein Mediationsverfahren in sieben Stationen* (2006) konzipiert und bis heute in verschiedenen Mediationen erprobt. 2012 erfolgte eine Spezifizierung mit dem Titel *Machloketsche Mediation – ein diskriminierungskritischer Ansatz*, die nicht im klassischen Sinne publiziert, aber in Form von Mediationslehrfilmen veröffentlicht wurde.[23] In erweiterter Form wird hier jenes Verfahren mit der Bezeichnung *Diskriminierungskritisches Mediationsverfahren* dargestellt und zur Veranschaulichung des Mediationsverfahrens eine Mediation aus dem Kontext der Sozialen Arbeit mit geflüchteten Menschen beschrieben.

3.1 Die sieben Stationen im Mediationsverfahren

Der Begriff Stationen drückt metaphorisch die einzelnen Schritte des Mediationsverfahrens als „train traveling" im Sinne von Bewegung und Veränderung aus, dessen Gleise – anders als die Offenheit der Bewegung – die wirkmächtigen gesellschaftlichen Bedingungen versinnbildlichen, die nicht ohne weiteres veränderbar sind. Gleichzeitig verdeutlichen Stationen die Möglichkeit des Innehaltens und der Entscheidungen im Hinblick auf den nächst zu wählendem Schritt. Ähnlich geht es bei Konflikten immer wieder um gesellschaftliche Bedingungen, aber auch um die Möglichkeit, sich zu entscheiden und Schritte zu wählen, die möglicherweise zur Lösung des Konfliktes beitragen. Dabei sind die Stationen miteinander verwoben und nur analytisch streng voneinander zu trennen. Sie dienen der prozessorientierten Unterstützung der Konfliktparteien durch die diskriminierungskritische Mediator*in im Konfliktgespräch.

23 Das *Diskriminierungskritische Mediationsverfahren* ist nicht gleichzusetzen mit der „Social Justice orientierten Community Mediation" (siehe dazu Lucas 2023: 54 ff.), insofern es als Mediation für Zweierkonflikte oder Gruppenkonflikte konzipiert wurde und nicht als Instrument für Konfliktbearbeitungen im kommunalen Raum oder Gemeinwesen mit der Auffassung, dass Mediation ein Instrument sei, Social Justice gesellschaftlich zu verwirklichen. Zum Vorhaben, gesellschaftsverändernd zugunsten von Social Justice und Radical Diversity zu wirken, siehe Czollek/Perko et al. 2019; Czollek/Czollek 2023).

In dem Konfliktlösungsverfahren der *Diskriminierungskritischen Mediation* werden Elemente der Klassischen Mediation in Bezug auf folgende Phasen im Mediationsgespräch beibehalten: Einleitung, Konfliktdarstellung und Themensammlung, Konflikterhellung, Problemlösung, Vereinbarung. Doch beinhaltet sie darüber hinaus weitere Fokussierungen und Besonderheiten, die im Klassischen Mediationsverfahren nicht vorgesehen sind, und besteht aus sieben Stationen.

---

1. Station: Vorbereitung der Mediator*innen
2. Station: Einleitung – Referenzrahmen / Regeln
3. Station: Konflikterhellung (Darstellung / Sichtweisen, Interessen hinter den Positionen)
4. Station: Konflikte im historisch-gesellschaftlichen Kontext und Strukturelle Diskriminierung
5. Station: Strukturelle Eingebundenheit des jeweiligen Konfliktes
6. Station: Perspektivenverschiebung – Verbündet-Sein[24] und systemische Eröffnung des Konfliktraumes hin zur Gesellschaft
7. Station: Konfliktlösung und Vereinbarung

Die einzelnen Stationen nehmen je nach Konflikt und Anzahl der am Konflikt Beteiligten unterschiedliche Zeit ein. Das Gespräch mit den Konfliktparteien basiert in allen Stationen mit den oben genannten Prämissen der *Diskriminierungskritischen Mediation*. Strukturierung ist dabei wichtig, um den offenen Dialog zu ermöglichen. Gleichzeitig sind die einzelnen Stationen nicht strikt voneinander getrennt, sondern sind miteinander verwoben, zirkulär vernetzt, d. h. immer wieder kann es zur Situation kommen, von einer Phase wieder einen Schritt zurück machen zu müssen, um letztlich eine nachhaltige Konfliktlösung zu ermöglichen.

3.2 Mediationsbeispiel: Unbegleiteter, geflüchteter Jugendlicher

Konflikte zeigen sich im Kontext der Sozialen Arbeit in einem breiten Spektrum auf subjektiven, team- bzw. gruppenbezogenen, institutionellen und gesellschaftlichen Ebenen. Sozialarbeiter*innen erzählen ferner von inneren

24 Das Konzept des Verbündet-Seins ist im Kontext des bereits genannten Erwachsenenweiterbildungskonzeptes „Social Justice und Diversity" ausgearbeitet worden. Es ist eine spezifische Solidarität, in der die Anliegen der Anderen im Zentrum stehen, ohne paternalistisch zu sein. Es wurde erstmals in Czollek / Perko / Weinbach (2012) in Anlehnung an Adams / Bell et al (1997) aufgegriffen und in Perko / Czollek (2014; 2017) konkretisiert. Im Erwachsenenweiterbildungskonzept „Social Justice und Diversity" spielt es eine wesentliche Rolle (Czollek / Perko et al. 2019). Zur Bedeutung von Bündnissen, ihren Möglichkeiten und Verhinderungen, siehe Perko 2020; Czollek / Perko 2020; Czollek / Laubinger / Perko 2023; Perko / Czollek 2023. Mittlerweile wird das Konzept des Verbündet-Seins zuweilen mit dem Begriff Allyship ausgedrückt.

Konflikten, wenn sie gegen Aufforderungen des Ethischen Kodex der Sozialen Arbeit einzelne Menschen nicht mehr in ihren Bedürfnissen und Wünschen wahrnehmen können – von Konflikten mit ihrem Team, mit Ehrenamtlichen, mit geflüchteten Menschen, aber auch mit dem Träger und mit gesellschaftspolitischen Vorgaben, die ihren Vorstellungen diametral gegenüberstehen. Ein immer wieder kehrendes Thema in Bezug auf die Arbeit mit geflüchteten Menschen sind Fragen zu Diskriminierung, die in verschiedener Weise als Praxen sowohl gegen geflüchtete Menschen als auch umgekehrt gegen Sozialarbeitende stattfinden (können).[25]

Die Arbeit zahlreicher Sozialarbeiter*innen, etablierte Maßnahmen wie Beratungsstellen, aber auch Positionspapiere und Petitionen zeigen das Engagement verschiedenster Akteur*innen der Soziale Arbeit mit geflüchteten Menschen. Sie haben mindestens zweierlei gemeinsam: Die professionelle Unterstützung von geflüchteten Menschen basierend auf der Bejahung einer pluralen Gesellschaft und das Aufzeigen von konfliktualen Situationen.[26]

Wenn Diskriminierung eine wesentliche Rolle im Konfliktfall spielt, ist es hilfreich, das *Diskriminierungskritische Mediationsverfahren* anzuwenden. In der gegenwärtigen Situation der Sozialen Arbeit mit geflüchteten Menschen muss dieses Mediationsverfahren allerdings dahingehend angepasst werden, dass es nicht Monate Zeit gibt, Konflikte zu lösen, weil die Sozialarbeiter*innen schnell auf Situationen im Alltag reagieren müssen. So ist es in den einzelnen Phasen als Mediator*in hilfreich, lösungsorientiert zu unterstützen. Zentral ist dabei, dass im Mittelpunkt immer die Konfliktparteien stehen.

Im Folgenden wird ein Mediationsbeispiel herausgegriffen, in dem es um den Kontext Soziale Arbeit und Flucht geht.

---

25 Das Beispiel ist eines von vielen, die ich mit der Methode der *Diskriminierungskritischen Mediation* durchgeführt habe. Viele Erfahrungen konnten dabei zwischen 2015 bis 2018 gesammelt werden, wo Leah Carola Czollek und Gudrun Perko „Supervision und Mediation für ehrenamtlich Helfende" anboten und Mediationen mit Sozialarbeitenden durchführten, die mit geflüchteten Menschen arbeiten. Auch in der gemeinsam mit Matthias Schreckenbach 2016 ausgearbeiteten Maßnahme „Qualifizierung von Pflegeltern zur Aufnahme von unbegleiteten, minderjährigen Flüchtlingen in Brandenburg / Berlin in Kooperation mit den Pflegekinderdiensten der Kreisjugendämter" an der zentralen Weiterbildung der Fachhochschule Potsdam, erzählten die Teilnehmenden von ihren Konfliktsituationen im Hinblick auf die Akteure Jugendamt, Familie, Umfeld und unbegleitete geflüchtete Jugendliche.

26 So existierte bereits 2016 das Positionspapier „Soziale Arbeit mit Geflüchteten in Gemeinschaftsunterkünften – Professionelle Standards und sozialpolitische Basis", in dem gezeigt wurde, dass die fachlichen und ethischen Standards der Sozialen Arbeit aufgrund von u. a. Personalmangel oder die Erledigung fachfremder Aufgaben nicht eingehalten werden können (Initiative Hochschullehrender zu Sozialer Arbeit in Gemeinschaftsunterkünften 2016).

Fallskizze

Ein unbegleiteter, geflüchteter Jugendlicher aus Syrien, 15 Jahre alt, soll zur Schule gehen und steht – trotz Bemühen der Sozialarbeiter*innen – morgens sehr oft nicht auf, wodurch er den Unterricht versäumt. Die zwei Sozialarber*innen, die in einer betreuten Wohngemeinschaft für unbegleitete, geflüchtete Jugendliche arbeiten, haben unterschiedliche Perspektiven wie sie mit dem Jugendlichen in dieser Situation umgehen sollen und wollen. Ihre Auseinandersetzung darüber ließ sie immer wieder in einen heftigen Streit geraten. Die Sozialarbeiter*innen (ein Sozialarbeiter, eine Sozialarbeiterin) wollen ihre Energien nicht im Streit und Konflikt miteinander aufbrauchen, sondern wieder für den Jugendlichen da sein können. Sie kontaktierten die Mediator*in, beschrieben im Vorfeld die Konfliktsituation und formulierten ihr Anliegen.

Durchführung der Mediation

1. Station: Vorbereitung der Mediator*innen

Die Mediator*in eignete sich Wissen über den Kontext unbegleiteter, geflüchteter Jugendliche an. Beispielsweise, was es für Jugendliche bedeutet auf der Flucht zu sein, welche Gefahren es auf dem Fluchtweg gibt, welche Bedeutung Trauma und posttraumatische Belastungsstörungen haben, welche Diskriminierungserfahrungen geflüchtete Menschen, z. B. in Bezug auf Rassismus, machen. Zudem erkundigte sich die Mediator*in bezüglich des rechtlichen Kontextes (Asylverfahren) und über die Situation im betreuten Wohnen sowohl für Jugendliche als auch im Hinblick auf die Arbeit der Sozialarbeiter*innen.

2. Station: Einleitung – Referenzrahmen/Regeln

Den Konfliktparteien wurde erklärt, was Mediation ist und welche Besonderheiten das *Diskriminierungskritische Mediationsverfahren* ausweist.

Betont wurde – wie bereits im Vorgespräch – dass die freiwillige Teilnahme Bedingung ist und die Autonomie der Konfliktparteien, ihre Selbstentscheidungen und die eigene Deutung ihrer Konflikte im Zentrum stehen. Hervorgehoben wurde die neutrale und allparteiliche Rolle der Mediator*in, die keine Partei für eine der anwesenden Konfliktparteien ergreift. Angesprochen wurde, dass die Mediator*in nicht die Instanz ist, die entscheidet, was richtig, was falsch ist, dass sie nicht diese Machtposition inne hat. Im Zuge dessen wurde die Aufgabe und die Rolle der Mediator*in vermittelt und die Besonderheiten des Verfahrens hervorgehoben: Dass die Mediator*in in manchen Situationen die Stimme des Nicht-Ausgesprochenen für Konfliktparteien übernehmen kann, um verschwiegene, oftmals tabuisierte Themen aufzugreifen oder die Stimme des Jugendlichen im Sinne der Perspektivenverschiebung hörbar zu machen, der nicht anwesend ist, und so die neutrale Distanz aufgibt, wenn es erforderlich ist. Weiters wurde hervorgehoben, dass die Zielsetzung der Mediation eine Win-Win-Lösung ist und darüber hinaus – als eine Besonderheit der Diskriminierungskritischen Mediation – Maßnahmen im Sinne des Verbündet-Seins als Solidarität, in der das Anliegen des Jugendlichen im Zentrum steht. Verdeutlicht wurde ferner die Wichtigkeit einer gemeinsamen Vereinbarung als Abschluss der Mediation. Abschließend wurde der Referenzrahmen folgend vereinbart: Keine verbalen Angriffe, keine absichtlichen Provokationen, keine Gewalt, Ausreden lassen, sich auf den gleichen Stand bringen. Im Sinne der Diskriminierungskritischen Mediation kam hinzu, dass die Konfliktparteien den Vorschlag annahmen, den Hintergrund ihres jeweilig Gesagten mit zu kommunizieren und es in der Mediation um ein diskriminierungsfreies Sprechen miteinander und über den Jugendlichen geht und eine Bejahung von Diskriminierung keine Perspektive ist. Die Frage danach, ob die Konfliktparteien Ergänzungen haben, wurde verneint.

Die Mediator*in machte die sieben Stationen auf einer Flipchart wahrnehmbar und erklärte die Abfolge der Mediation. Nach der Erklärung des Ablaufes kam es zur Konflikterhellung.

3. Station: Konflikterhellung (Sichtweisen, Interessen hinter den Positionen)

Im Kontext der Konflikterhellung erzählten sich die Sozialarbeiter*innen ihre jeweilige Perspektive, worin der Konflikt besteht, und kamen nach und nach auf ihre jeweiligen Interessen hinter den Positionen.

Die Sozialarbeiterin plädierte dafür, den Jugendlichen in Ruhe zu lassen, weil sie möchte, dass er sich nach all den Erfahrungen von Krieg und Flucht ausruhen kann. So steht sie dafür ein, dem Jugendlichen mehr Zeit zu geben. Der Sozialarbeiter plädierte hingegen dafür, den Jugendlichen anzutreiben, damit er das von ihm formulierte Ziel, schnell Deutsch zu lernen und den Schulabschluss zu machen, erreichen kann. In dem Konfliktgespräch verdeutlichten die Konfliktparteien zunächst vehement ihre Positionen, die begleitet wurden von emotionalen Ausdrücken, hinter denen jeweils die Sorge um den Jugendlichen steckten.

Im Zuge der Konflikterhellung konnten die Konfliktparteien letztlich ihre jeweilige Perspektive dahingehend verstehen als sie sich beide in der professionellen Rolle, den Jugendlichen unterstützen zu wollen, sahen.

*(In dieser wie auch in weiteren Stationen verwendete die Mediator*in immer wieder Kommunikationstechniken wie Aktives Zuhören, Reframing und Paraphrase, um ein gegenseitiges Verständnis der Konfliktparteien zu ermöglichen. Auf Flipchart wurde festgehalten, worin der Konflikt für die Konfliktparteien bestand.)*

4. Station: Konflikte im historisch-gesellschaftlichen Kontext und Strukturelle Diskriminierung

In dieser Station ging es um eine Perspektivenverschiebung hin zum Jugendlichen, der von den Konfliktparteien zunächst nicht thematisiert wurde.

Deshalb ließ die Mediator*in mit Einverständnis der Konfliktparteien ihr Wissen an dieser Stelle in die Mediation einfließen und öffnete den Raum für mögliche Erfahrungen des Jugendlichen als unbegleiteter, geflüchteter und junger Mensch: Sie erzählte u. a. von Krieg als Fluchtursache, möglichen Auswirkungen durch den Verlust der Umgebung (Familie, Freunde, Schule etc.), Erfahrungen des Jugendlichen am Fluchtweg, Traumatisierung, Erleben von Rassismus als geflüchtete Person, unsichere rechtliche Aufenthaltsbedingungen, den eigentlichen Interessen des Jugendlichen im Hinblick auf sein Alter. Damit ermöglichte die Mediator*in den Konfliktparteien, die Perspektive des Jugendlichen in ihren Überlegungen zu berücksichtigen und den Konflikt in einem historisch-gesellschaftlichen Kontext wahrzunehmen. Die Konfliktparteien hatten hier die Gelegenheit, sich in die Themen zu vertiefen und wurden danach gebeten, über eine professionelle Empathie sich die Situation des Jugendlichen im Hinblick auch auf ihre Positionen vorzustellen. Aufgrund dessen rückten sie den Jugendlichen in den Mittelpunkt und konzentrierten sich auf eine mögliche Perspektivenvielfalt, die über ihre eigenen Positionen und Interessen hinausging. Sie formulierten beide, dass nicht die Beziehung zwischen ihnen selbst, sondern der Jugendliche, mit dem sie beide arbeiten, im Zentrum steht. Im Hinblick darauf überlegten sie im Gespräch miteinander, was der Jugendliche wollen könnte, was das Beste für ihn sein könnte, ob es ein interkultureller Konflikt sei oder ob Diversity in dem Sinne eine Rolle spielte als der Jugendliche in einem Alter ist, in dem er lieber alles andere als zur Schule gehen will, oder ob er Diskriminierung erfahren hat. Im Gespräch tauschen sich die Sozialarbeiter*innen insbesondere über Rassismuserfahrungen des Jugendlichen aus. Hier wurde deutlich, dass der Jugendliche Andeutungen gemacht hatte, Rassismus auf dem Fluchtweg und in Deutschland in der Schule erlebt zu haben.

In dieser Gesprächsphase kam es schließlich zur Idee, mit dem Jugendlichen und mit seiner Einwilligung mit den Lehrkräften in der Schule darüber zu sprechen.

*(Bei Mediationen, die über einen längeren Zeitraum stattfinden können, wäre es auch eine Möglichkeit, dieses Wissen nicht als Mediator*in einzubringen, sondern die Konfliktparteien zu bitten, sich selbst Wissen anzueignen. Findet die Mediation mit Konfliktparteien statt, die kein Wissen über Diskriminierung, in dem Fall über Rassismus, haben, so liegt es an der Mediator*in, ausreichende Informationen dazu zu geben.)*

5. Station: Strukturelle Eingebundenheit des jeweiligen Konfliktes

In dieser Station wurden die Konfliktparteien gebeten, sich in einem gemeinsamen Gespräch ihren Auftrag in der Sozialen Arbeit[27] im Verhältnis zu den strukturellen Bedingungen des Konfliktes anzusehen und zu reflektieren, was dies je einzeln für sie bedeutet und darüber hinaus, welches Handeln für sie daraus folgen kann.

Die Konfliktparteien vergegenwärtigten sich ihre professionelle Aufgabe gemäß dem Sozialgesetzbuch Kinder- und Jugendhilfe (SGB VIII), in dem sich die rechtliche Verankerung findet, u. a. dass jeder junge Mensch ein Recht auf Förderung seiner Entwicklung und auf Erziehung zu einer eigenverantwortlichen und gemeinschaftsfähigen Persönlichkeit hat und die Jugendhilfe junge Menschen in ihrer individuellen und sozialen Entwicklung fördern und dazu beitragen soll, Benachteiligungen zu vermeiden und abzubauen. Sie erinnerten den (inter)nationale Ethische Kodex, in dem sie dazu aufgefordert werden, Verschiedenheiten von Menschen, mit denen sie arbeiten, wahrzunehmen und das Recht auf Selbstbestimmung zu achten und zu fördern, ihre eigene Wahl und Entscheidung zu treffen, aber auch jeder Form von Diskriminierung entgegenzuwirken.

Die Konfliktparteien konnten darüber ihre professionelle Aufgabe im Hinblick auf den Jugendlichen wahrnehmen und so ihren Konflikt in einen professionellen Arbeitskontext stellen und in einem historisch-gesellschaftlichen Kontext wahrnehmen und besprechen und nicht zuletzt eine diskriminierungskritische Haltung einnehmen.

*(Wenn der Jugendliche „vergessen“ wird, kann die Mediator*in einen dritten Stuhl in das Setting stellen, der den Platz des Jugendlichen vergegenwärtigt und so die Perspektive des Abwesenden, Nicht-Ausgesprochenen übernehmen und einbringen. Findet eine Mediation mit Konfliktparteien statt, die sich ihres beruflichen Auftrages nicht bewusst sind, so vermittelt die Mediator*in diese Informationen.)*

6. Station: Perspektivenverschiebung – Verbündet-Sein und systemische Eröffnung des Konfliktraumes hin zur Gesellschaft

Über mediatorische Kommunikationstechniken vermittelte die Mediator*in in dieser Station die Möglichkeit, mit der Perspektivenverschiebung hin zur Perspektive des Jugendlichen die Idee des Verbündet-Seins als möglichen Handlungsspielraum ins Gespräch reinzunehmen.

Die Konfliktparteien nahmen dabei abermals den Jugendlichen in die Mediation hinein, indem sie Bedeutungen und Möglichkeiten besprachen, nicht Interessen anderer zu vertreten, sondern ganz speziell den Jugendlichen mit seiner Geschichte, seinen Interessen und Bedürfnissen. Im Gespräch wurden sich beide

27 (IFSW/IASSW 2010)

einig, dass es nicht um ihre anfänglich formulierte Position geht. So nahm der Sozialarbeiter Abstand von seiner Position, den Jugendlichen antreiben zu wollen, damit er das von ihm formulierte Ziel, schnell Deutsch zu lernen und den Schulabschluss zu machen, erreichen kann. Ebenso nahm die Sozialarbeiterin Abstand von ihrem Anliegen, den Jugendlichen in Ruhe zu lassen, weil sie möchte, dass er sich nach all den Erfahrungen von Krieg und Flucht ausruhen kann. Im Gegensatz dazu, formulierten sie, dass sie beide mit dem Jugendlichen ein Gespräch führen wollen, um zu erfahren, was er möchte und um ihm zu vermitteln, dass sie Verbündete sind. Dabei überlegten sie auch, ob es noch andere Akteure gibt, die auf anderen Ebenen Verbündete für den Jugendlichen, aber auch für ihre Arbeit gibt.

So eröffneten sie den Konfliktraum hin zur Gesellschaft und sprachen über ihnen bekannte andere Sozialarbeitende, ehrenamtlich Helfende, Träger und Schule.

*(In dieser Station fand durch die Konfliktparteien selbst eine Art systemische Eröffnung des Konfliktraumes hin zur Gesellschaft statt. Bei anderen Mediationen kann diese Eröffnung auch durch die Mediator*in angeregt werden.)*

7. Station: Konfliktlösung und Vereinbarung

Im Mittelpunkt stand für die Konfliktparteien in dieser Station die Herausforderung, aus polarisierenden Vorstellungen herauszugehen (nach dem Prinzip *Weder-Noch*, d. h. weder hat die Sozialarbeiterin noch der Sozialarbeiter recht).

Im Sinne des gemeinsam Erarbeiteten und Besprochenen überlegten beide Sozialarbeiter*innen mögliche Vorgangsweisen und rückten ihre fachliche Expertise im Sinne der Bezugnahme auf die Theorie der Lebensweltorientierung und der Soziale Arbeit als Menschenrechtsprofession[28] in den Vordergrund. Durch die vielen Perspektiven, die diskutiert wurden, wurde für die Konfliktparteien deutlich, dass sie gemeinsam an Handlungsspielräumen zugunsten des Jugendlichen arbeiten wollen. Dabei überlegten sie sich Möglichkeiten, wie der Jugendliche z. B. zu einer anderen Uhrzeit Deutsch lernen und wo er von wem dafür Unterstützung finden könnte. Zudem überlegten Sie sich, wie sie konkret mit dem Jugendlichen ins Gespräch kommen könnten, um seine Sichtweisen zu hören, und auch um über seine Rassismuserfahrungen zu sprechen. Um dabei professionell vorsichtig sein zu können, beschlossen sie zum Thema Trauma und Traumafolgen mehr zu erfahren. Hier vereinbarten sie zudem, mit Einwilligung des Jugendlichen, mit den Lehrkräften in der Schule über Rassismus zu sprechen und gemeinsam auszuloten, was in der Schule dagegen getan werden kann.

Beide bestätigten sich, dass sie ihre anfänglich formulierte Zielsetzung, ihre Energien nicht im Streit und Konflikt miteinander aufzubrauchen, sondern wie-

28 Damit sind die Ansätze von Staub-Bernasconi (2003) und Thiersch (2020) gemeint.

der für den Jugendlichen da sein zu können, und wieder miteinander arbeitsfähig zu sein, erreicht haben.

*(Die Vereinbarungen wurden festgehalten und nochmals von der Mediator*in zusammengefasst und schließlich von den Konfliktparteien unterschrieben. Die Mediator*in bot einen Nachfolgetermin an, den die Konfliktparteien bei Bedarf wahrnehmen können.)*

Reflexion der durchgeführten Mediation

Der besprochene Konflikt schien zunächst einer zwischen zwei Konfliktparteien. Doch im Verlauf der Mediation konnten die Konfliktparteien sich in ihren professionellen Rollen stärken, indem sie sowohl ihren Auftrag als auch den Konflikt im historisch-gesellschaftlichen Kontext und im Kontext struktureller Bedingungen mit Fokus auf den Jugendlichen besprachen und im Zuge dessen immer wieder einen Perspektivenwechsel, eine Perspektivenvielfalt und eine Perspektivenverschiebung fokussierten.

Sozialarbeitende sind im Allgemeinen sehr gut in Methoden und Theorien der Sozialen Arbeit ausgebildet und bringen in der Regel eine stark ausgeprägte Empathiefähigkeit und sozialarbeiterische Kompetenzen mit. Im Kontext Sozialer Arbeit mit geflüchteten Menschen fehlen aber oftmals Expertisen in Bezug auf Flucht, Trauma und Strukturelle Diskriminierung. Diese Themen müssen verstärkt in die Ausbildung für Soziale Arbeit integriert, aber auch in Mediationsverfahren aufgenommen werden. Denn immer wieder sollen Jugendliche in bestehende Institutionen integriert werden, wobei die Perspektiven des geflüchteten, jungen Menschen nicht wahrgenommen werden oder werden können, nicht zuletzt, weil jene, die mit den Jugendlichen arbeiten, oft selbst keinen Krieg und keine Flucht erlebt haben.

Die Erzählungen und Perspektiven der geflüchteten Menschen beinhalten immer gewaltvolle Erfahrungen (wie Verlust der Heimat und Umgebung, Verlust der Familie und der Freunde, des gewohnten Umfeldes wie Schule, Arbeit etc.), die nicht selten mit Traumatisierung und Folgen von Traumata (posttraumatische Symptome wie Konzentrationsstörungen, Schlafstörungen, Ängste, Erinnerungslücken und Depressionen) begleitet sind. Hinzu kommen gewaltförmige Erfahrungen auf dem Fluchtweg und mögliche Diskriminierungserfahrungen auch im Ankunftsland. Was bei Jugendlichen erschwerend hinzukommt ist, dass sie aufgrund ihrer extremen Erfahrungen oft kein Verständnis für ihre Situation durch die Erwachsenen erfahren. Mediationserfahrungen in diesen Zusammenhängen zeigen, dass das *Diskriminierungskritische Mediationsverfahren* dafür eine gute Unterstützung der Konfliktlösung bieten kann.

3.3 Ziele der Diskriminierungskritischen Mediation

Die Intention bzw. Zielsetzung der Diskriminierungskritischen Mediation geht über die Zielsetzung der Klassischen Mediation hinaus. Zudem erfordert die Durchführung des *Diskriminierungskritischen Mediationsverfahren* besondere Reflexionsmomente der Mediator*in.

Wie in der Klassischen Mediation fokussiert es eine *Win-Win-Lösung*, bei der nicht eine Konfliktpartei recht bekommt oder gewinnt, sondern die Konfliktparteien gemeinsam eine Lösung finden, die allen Beteiligten gerecht wird. Dabei wird in der Diskriminierungskritischen Mediation über ein *Entweder-Oder* hinausgegangen und ein *Sowohl-Als-Auch* fokussiert. Dahinter steckt die Intention, die Allmachtsphantasie aufzugeben, als Einzige*r recht zu haben, wie sie in der Machloket formuliert wird. Der Kampf der Positionen kann dabei über die Infragestellung eigener Zuschreibungen, Werten, Vorstellungen etc. aufgegeben und eine Lösung gefunden werden. In der Mediation bedeutet das, die Konfliktparteien darin zu unterstützen, den Konflikt und die eigene Verstricktheit im Konflikt aus einem polarisierenden Denken einer normativen Logik (siehe Perko 2020[29]) herauszuschälen, um die jeweils anderen Perspektiven wahrnehmen zu können, alte Muster zu verlassen und neue Lösungswege hin zu pluralperspektivischen Möglichkeiten zu beschreiten. Das Aufbrechen einer normativen Logik, bedeutet auch, dass es, wie in der Machloket formuliert, nicht um eine Synthese von Widersprüchen, nicht um einen Konsens zugunsten einer allein gültigen Perspektive geht. In der Suche nach einer Sowohl-Als Auch Lösung stellt die Mediator*in keine übergeordnete Instanz dar, die darüber entscheidet, was richtig und was falsch ist. Sie begleitet vielmehr den Prozess der autonomen Konfliktparteien, um unterstützend pluralperspektivische Lösungsmöglichkeiten auszuloten, die nicht immer eine ein-für-allemal abgeschlossene Lösung darstellen, sondern zu weiteren Auseinandersetzungen führen können. Die gemeinsamen Vereinbarungen der Konfliktparteien zielen nicht in erster Linie darauf ab, sich zu mögen oder befreundet zu sein, sondern auf den Arbeitskontext der Sozialen Arbeit oder den Lernraum in einer Erwachsenen(weiter)bildung, um wieder gemeinsam produktiv sein zu können.

Eine Besonderheit nimmt in der Zielsetzung der Diskriminierungskritischen Mediation das *Verbündet-Sein* ein. Insbesondere bei Konflikten, in denen es um nicht anwesende Dritte geht, wie das Beispiel des Jugendlichen zeigt, können sich die Konfliktparteien zugunsten des von Rassismus getroffenen Jugendlichen verbünden und im Konfliktumfeld Verbündete suchen. Ihre vereinbarten Maßnahmen, die sie nicht ohne Wollen des Jugendlichen realisieren, zielen auf das Umfeld

29 In Perko 2020 werden im Kapitel 2, „Polarisierende Identitätslogik und pluralisierende Magmalogik“, detailliert die Unterschiede dieser Logiken beschrieben.

ab, in dem er Rassismus ausgesetzt ist. Verbündet-Sein beschreibt – in Anlehnung an Arendt (1989)[30] – eine Art der politischen Freundschaft, in der die Anliegen der Anderen die je eigenen Anliegen sind, ohne dabei paternalistisch zu sein. Es handelt sich um eine spezifische Form der Solidarität, bei der nicht das Ich im Zentrum steht, sondern die Anliegen der Anderen. Das setzt keine identitätspolitische Gleichheit voraus, sondern beschreibt vielmehr ein Verhältnis zwischen Menschen, die in bestimmten Kontexten Privilegien und Macht, ökonomisches oder kulturelles Kapital haben (bei dem genannten Konflikt die Konfliktparteien) und Menschen, die in bestimmten Kontexten von Diskriminierung getroffen sind (bei dem genannten Konflikt der Jugendliche) (Perko / Czollek 2014; 2017). In der Erklärung des Mediationsverfahrens wird diese Zielsetzung durch die Mediator*in als Intention der Mediation (siehe 6. Station) als Möglichkeit erläutert.

Insbesondere bei Gruppenkonflikten liegt eine Zielsetzung der Diskriminierungskritischen Mediation auch in *Bündnissen*. Sie stellen eine mögliche Strategie dar, sich als Gruppe und/oder Individuum mit anderen zusammenzuschließen, um gegen Strukturelle Diskriminierung vorzugehen. Auch Bündnisse setzten keine gemeinsamen identitätspolitische Merkmale voraus. Vielmehr zielen sie als kollektive Handlungsstrategien darauf ab, gegen diskriminierende Praxen und Regelungen zu handeln. So können Personen, die von Diskriminierung getroffen sind, und Personen, die privilegiert sind, zusammenarbeiten, insofern sie das Interesse teilen, gegen Diskriminierung angehen zu wollen und sich für die Rechte der jeweils diskriminierten Gruppen oder Personen einzusetzen. Voraussetzung dafür ist eine thematische (Selbst-)Reflexion über eigene Verstricktheiten in diskriminierenden Praxen (siehe Perko 2020; Czollek / Perko et al. 2023). Für Konfliktparteien, beispielsweise im Konflikt „Beanspruchen eines Raumes aufgrund von Diskriminierungserfahrungen" (siehe Kapitel 4), kann es in der Mediation zu Bündnissen kommen, in dem mit einem systemischen Ansatz der Konflikt nicht nur reflektiert und besprochen, sondern der Fokus auf die Institution, den Träger etc. gerichtet wird. So können Ansätze entwickelt werden, mit denen die Konfliktparteien den Konflikt nicht nur als einen internen wahrnehmen, sondern gemeinsam ihre Anliegen zu realisieren versuchen. Bei einem Konflikt wie „Konkurrenz zwischen diskriminierten Personen" (siehe Kapitel 4) kann es in der Mediation so weit kommen, dass die Konfliktparteien identitätspolitische Diskriminierungsdiskurse kritisch reflektieren, von denen sie möglicherweise beeinflusst sind und die sie jeweils in ihre Arbeitskontexte hineintragen. Aufgrund dessen könnten sie durch die Auseinandersetzung mit Diskriminierungsdiskursen dahin kommen, sich von der jeweiligen Beeinflussung zu lösen oder sich gar gegen sie zu richten.

30 Arendt formuliert: „Im Gespräch manifestiert sich die politische Bedeutung der Freundschaft." (Arendt 1989: 35) In dieser *politischen Freundschaft* gilt das Gespräch, „so sehr es von der Freude an der Anwesenheit des Freundes durchdrungen sein mag, der gemeinsamen Welt [...]" (Arendt 1989: 35).

Mittels der spezifischen Methoden der *Diskriminierungskritischen Mediation nach Czollek/Perko* ist intendiert, darin mediatorisch zu unterstützen, Konflikte zu lösen, die Bezüge zum Thema Diskriminierung aufweisen. Erfahrungsgemäß kann das gelingen, wenngleich es keine Garantie gibt. Die Zielsetzung der Mediation ist immer eine, die von den Konfliktparteien die Bereitschaft voraussetzt, sich in oftmals tabuisierte und schwierige Themen kritisch-reflexiv einzulassen. Dabei zielt die Mediation, basierend auf einem systemisch-strukturellen Fokus (Diskriminierungsmatrix, Systemische Intersektionalität, Einbezug gesellschaftlicher Felder, siehe Kapitel 2) darauf ab, dass die Konfliktparteien eine pluralperspektivische Perspektive auf den Konflikt werfen und sich auf nicht selten schmerzhafte Konfliktgespräche einlassen können.

Diskriminierungsrealitäten werden sich nicht durch eine Mediation auflösen. Doch kann es in der Diskriminierungskritischen Mediation dazu kommen, dass Einsichten und Erkenntnissen in die eigene Verstricktheit in der Diskriminierungsmatrix zu veränderten, selbstkritischen Haltungen, zu Verbündet-Sein und Bündnissen und zu gemeinsamen Maßnahmen gegen Diskriminierung führen.

3.4 Themen- und handlungsbezogene Selbstreflexion der diskriminierungskritischen Mediator*in

Die Haltung der diskriminierungskritischen Mediator*in (Machloket, affirmativer-transformativer Ethos) erhebt hohe Ansprüche (siehe Kapitel 2). Sie bedeuten nicht zuletzt, sich selbstkritisch und -reflexiv mit der Situiertheit als Mediator*in auseinanderzusetzen und sich auf eine themen- und handlungsbezogene Selbstreflexion einzulassen. Beispiele sollen das veranschaulichen.

Eine solche Reflexion fokussiert keine narzisstische, egozentrische Auseinandersetzung mit sich selbst, sondern ein themen- und handlungsbezogenes Reflektieren. Bei der *Diskriminierungskritischen Mediation* geht es in erster Linie darum, die eigene Verstricktheit in der Diskriminierungsmatrix zu reflektieren, dem also nachzugehen, ob und inwiefern ich als Mediator*in selbst diskriminierende Äußerungen und Handlungen (absichtlich oder unbeabsichtigt) tätige, diskriminierende Praxen ignoriere oder akzeptiere. Bestehen Veränderungsnotwendigkeiten, dann muss überlegt werden, mit welcher Unterstützung die Mediator*in sie realisieren kann (z. B. durch Weiterbildungen). Wesentlich ist, dass nicht Konfliktparteien als Rolle der Lehrenden für die Mediator*in gebraucht werden. In Bezug auf möglicherweise verinnerlichter Stereotypen beispielsweise geht es in der eigenen Reflexion wiederum nicht darum, wie es mir damit geht, sondern, welche Auswirkungen diese, z. B. über Sprach-/Handlungen, auf die Konfliktparteien haben können. Wird davon ausgegangen, dass wir uns von gesellschaftlich tief verankerten und individuelle internalisierten Stereotypen nicht gänzlich befreien können, ist zu reflektieren, wie ich als Mediator*in meine Rolle professionell erfüllen kann, ohne danach zu sprechen oder zu handeln. Gelingt mir dies nicht, so muss die Mediation abgebrochen bzw. kann sie nicht durchgeführt werden. In diesem Kontext ist auch das asymmetrische Machtverhältnis zu reflektieren. Zwar sind die Freiwilligkeit und Autonomie der Konfliktparteien oberstes Prinzip, eine Mediation durchzuführen, doch wird erfahrungsgemäß die Mediator*in nicht selten als „Autorität" wahrgenommen. Obgleich sie moderierend unterstützt, einen Konflikt lösen zu können, orientieren sich die Konfliktparteien zunächst auf sie. Insbesondere bei der *Diskriminierungskritischen Mediation* kann sich ein asymmetrisches Machtverhältnis erhöhen, insofern die Mediator*in Methoden und Wissen einbringen kann. Diese Reflexion konzentriert sich nicht darauf, wie es mir mit meiner Machtposition als Mediator*in geht, sondern, wie Machtverhältnisse strukturiert sind und welche Auswirkungen sie für die Konfliktparteien haben können. Im Zusammenhang damit ist die Eingangssituation (Station 2) in der Mediation wesentlich; sie ermöglicht nicht zuletzt, dieses Thema direkt anzusprechen.

Die Ausführungen zur Haltung (siehe Kapitel 2) verdeutlichen, dass es bei der themen- und handlungsbezogenen Selbstreflexion immer auch um die Reflexion des Menschenbildes geht. Hierbei ist zu fragen, ob es gelingt, anerkennend und wertschätzend zu sein – ungeachtet eines So-Seins von Konfliktparteien und wo die eigenen Grenzen liegen. Ferner, ob Abstand genommen werden kann von beispielsweise neoliberal-kapitalistischen Logiken, in denen Menschen eingeteilt werden in brauchbar, nicht brauchbar, nützlich, nicht nützlich etc. Selbstredend muss eine diskriminierungskritische Mediator*in davon Abstand nehmen wie auch von menschenverachtenden Vorstellungen, die sich in Diskriminierungspraxen äußern, nicht zuletzt in sprachlicher Form. Das Instrument der Mediation ist die Sprache. Sie als Ausdruck des Denkens im Hinblick auf eine anerkennende, nicht-diskriminierende Sprache zu reflektieren, wie in Kapitel 2 beschrieben, gehört zum Werkzeug der Mediator*in. Aufgrund der recht schnellen Veränderung sprachlich verwendeter oder nicht mehr verwendeter Begriffe ist es ein Prozess, der nicht mit einem Akt beendet ist. Dabei gilt es auch, die in der Sprache und im Menschenbild verankerten Denklogiken zu reflektieren. Wie mit der Machloket beschrieben, ist die eigene Auffassung im Sinne der Allmachtsphantasie, als einzige*r recht zu haben, zu bedenken. Damit verbunden ist auch die Frage zu stellen, ob ich als Mediator*in von Bewertungen der Konfliktparteien wie „wahr oder falsch" Abstand nehmen kann. Bleibe ich in dieser dichotomen, normativen Logik verhaftet, die seit Aristoteles gesellschaftlich tief verankert und subjektiv verinnerlicht ist, kann ich keine Perspektivenvielfalt (plurale Logik) ermöglichen und meine Allparteilichkeit und Neutralität den Konfliktparteien gegenüber als Mediator*in nicht gewährleisten.[31] Zu reflektieren sind hierbei aber auch die Grenzen im Hinblick darauf etwa, dass die bewusste Bejahung von Diskriminierung durch eine Konfliktpartei keine zu bejahende Perspektive ist.

Virginia Satir (1991) beschreibt verschiedene Kommunikationstypen (Beschwichtiger*in, Ankläger*in, Rationalisierer*in, Ablenker*in), die in Konflikten ein jeweils unterschiedliches Verhalten aufweisen. In Verbindung mit der oben genannten Reflexion im Hinblick auf mögliche Bewertungen der Konfliktparteien im Sinne von „wahr oder falsch“, ist eine weitere Reflexionsebene das eigene Verhalten hinsichtlich der Konflikttypen. Favorisiere ich als Mediator*in eine dieser Verhaltensweisen, stehe ich ihnen neutral gegenüber oder sehe ich sie als gleichberechtigte und verschiedene Möglichkeiten des Ausdruckes?

In Konfliktgesprächen spielen *kognitive wie emotionale Zugänge* der Konfliktparteien eine große Rolle. Auch hier gilt es zu fragen, ob ich als Mediator*in beide (und wohl auch noch andere) Zugänge hierarchisierend bewerte oder ob sie in ihrer gleichen Berechtigkeit wahrgenommen werden können. Insbesondere in einer Gegenwart, in dem das Primat der Gefühle favorisiert wird, bedarf es einer neutralen Haltung, die beide Zugänge anerkennend wertschätzt (siehe Kapitel 1).

Die Grenzen des *Diskriminierungskritischen Mediationverfahrens* liegen nicht nur darin, eine Mediation aus ethisch-politischen Gründen nicht anzunehmen oder sie im Verlauf zu beenden. Sie können zudem in den Instrumentarien der Mediation selbst liegen: Denn sie ist an Sprache gebunden (Frage der Sprachkompetenz), setzt ein Wissen ihrer Existenz voraus (Frage der Zugänglichkeit im Sinne des Wissens), findet in Räumlichkeiten, präsent oder online, statt (Frage der Zugänglichkeit im Sinne möglicher Barrieren) und wird mit bestimmten Methoden durchgeführt (Frage der Zugänglichkeit im Sinne des Verstehens). Reflexiv an solche Fragen heranzugehen, kann nicht alle Hürden auflösen. Es kann jedoch je nach Bedarf danach gefragt werden, wo und wie Veränderungen stattfinden können. So kann Mediation beispielsweise in leichter Sprache, mit Dolmetscher*innen stattfinden, die Räumlichkeiten vorab nach Barrierefreiheit ausgewählt, Methoden vereinfacht werden. Insofern sind alle Mediationsmethoden als prozesshaft und flexibel anzusehen und in erster Linie den Bedarfen der Konfliktparteien so weit wie möglich anzupassen.

31 Aristoteles (384 v. Chr. Bis 322 vor Chr.) war ein Philosoph in der griechischen Antike. Als Begründer der formalen Logik wird er in der Philosophie „Vater der Logik“ genannt, die sich über das Mittelalter und Neuzeit bis heute in Form des polarisierenden, dichotomen Denkens tradiert hat (Aristoteles 1970; 1980). Aristoteles steht hier insofern im Zentrum als die Wirkmächtigkeit dieser Logik bis in die Gegenwart reicht. In Perko (2020) finden sich Details zur polarisierende Identitätslogik und einer vielfältigen Logik, die pluralisierende Magmalogik.

4. Anwendungsbereiche der Diskriminierungskritischen Mediation: Soziale Arbeit und Erwachsenen(weiter)bildungsbereich

Im folgenden Kapitel werden Anwendungsmöglichkeiten des *Diskriminierungskritischen Mediationsverfahrens* und Elemente dieses Verfahrens verdeutlicht. Zudem werden Konfliktlösungsbeispiele aus dem Erwachsenenweiterbildungskonzept „Social Justice und Diversity“ verdeutlicht. Dabei werden Konfliktlösungsprozesse im Kontext von Diskriminierungskonflikte in sozialarbeiterischen Teams und Teilnehmer*innen der Weiterbildung dargestellt. In der Profession der Sozialen Arbeit sind dies vor allem Gruppenmediationen, die ich mit sozialarbeiterischen Teams durchgeführt habe, etwa in Beratungsstellen für Menschen, die Diskriminierung erleben oder im Kontext Sozialer Arbeit und Flucht. Im Erwachsenenweiterbildungsbereich geht es um Diskriminierungskonflikte unter den Teilnehmer*innen.

4.1 Soziale Arbeit und Erwachsenenweiterbildung („Social Justice und Diversity“)

Die Arbeits- bzw. Praxisfelder der Sozialen Arbeit sind umfangreich (siehe Anhang); auch der Erwachsenen(weiter)bildungsbereich ist geprägt von unterschiedlichsten Konzepten, wobei zahlreiche Weiterbildungen existieren, in denen es um den Erwerb respektive die Vertiefung von Kompetenzen (Wissen, Haltung, Fertigkeiten / Können) hinsichtlich verschiedener Themen geht. In Bezug auf Weiterbildungen, die das Thema Diskriminierung / Antidiskriminierung fokussieren, sind im deutschsprachigen Raum etwa Anti-Bias, Betzavta, Eine Welt der Vielfalt oder Social Justice und Diversity sehr bekannt. Soziale Arbeit und Erwachsenen(weiter)bildung haben jeweils unterschiedliche Inhalte und Zielsetzungen. Wird als Beispiel der Erwachsenenweiterbildung „Social Justice und Diversity“ herangezogen und mit dem ethisch-politischen Auftrag der Sozialen Arbeit verglichen, so weisen sie aber auch Verbindungen auf. Diese lassen sich in den Momenten feststellen, in denen sie durch ein politisiertes Selbstverständnis geprägt sind. Bevor ich darauf eingehen, soll das Diskriminierungskritische Weiterbildungskonzept „Social Justice und Diversity“ kurz dargestellt werden.

Diskriminierungskritische Erwachsenenweiterbildung „Social Justice und Diversity“

Das Konzept wurde 2001 von Leah Carola Czollek, Gudrun Perko und Heike Weinbach entwickelt. Während sich der Ansatz zu Beginn noch an das in den USA konzipierte Konzept „Teaching for Diversity and Social Justice“ (Adams / Bell et al. 1997) anlehnte, wurden im Zuge der langjährigen und intensiven Beschäftigung mit der Thematik viele Veränderungen, Spezifizierungen und vor allem Aktualisierungen im Kontext der Bundesrepublik Deutschland vorgenommen. Mit der Gründung des Institutes „Social Justice und Diversity“ 2005 und dem Erscheinen des „Praxishandbuches Social Justice und Diversity“ (Czollek / Perko et al. 2012) wurde die Eigenständigkeit und inhaltliche Neuorientierung des Konzeptes verdeutlicht. Mit der Neuauflage des „Praxishandbuches Social Justice und Diversity“ (Czollek / Perko et al. 2019) wurden abermals sehr starke Veränderungen im Hinblick auf konzeptuelle und theoretische Grundlagen, Methoden und neue Schwerpunkte vorgenommen. Das Erscheinen des Buches ging mit der Umbenennung des Institutes in das Institut “Social Justice und Radical Diversity“ einher (www.insitut-social-justice.org).

Neben zahlreichen Trainings, die wir im Bereich der Erwachsenen(weiter)bildung, in Einrichtungen der Sozialen Arbeit, an Hochschulen, im Kunst- und Kulturbereich etc. durchführten, entwickelten wir 2005 eine Trainer*innen-Weiterbildung. Sie wurde zwischen 2006 und 2012 in Kooperation mit dem Informations- und Dokumentationszentrum für Antirassismusarbeit (IDA e. V.) und der bundesweiten Weiterbildungsorganisation des Deutschen Gewerkschaftsbundes (DGB Bildungswerk BUND) angeboten. Seit 2012 wird der zertifizierte Weiterbildungskurs „Social Justice und Diversity“ an der Zentralen Einrichtung Weiterbildung der Fachhochschule Potsdam (ZEW) in Kooperation mit unserem unabhängigen Institut jährlich bis halbjährlich durchgeführt. Bis heute sind es über 20 Weiterbildungen á 18 bzw.19 Teilnehmende, die an der ZEW stattfanden. Seit der Corona-Pandemie finden die Weiterbildungen sowohl präsent an der Fachhochschule Potsdam als auch in Form von Webinaren statt.

In der Weiterbildung werden verschiedene Diskriminierungsformen kritisch analysiert und hinsichtlich ihrer Konsequenzen für das Zusammenleben von Menschen befragt. Gleichzeitig wird ein Bewusstsein für die Verknüpfung von Strukturen der Diskriminierung auf institutioneller, individueller und kultureller Ebene (Strukturelle Diskriminierung) und Instrumente für eine Analyse und kritische Infragestellung gesellschaftlicher Macht- und Herrschaftsverhältnisse vermittelt. Dabei wird ein Rahmen und eine eigens von uns entwickelte dialogische Methode (Machloket bzw. Mahloquet) bereitgestellt, die es den Teilnehmer*innen ermöglicht, im Dialog themen- und handlungsbezogen zu reflektieren. Die Intention der Weiterbildung besteht darin, Strukturelle Diskriminierung zu verstehen, Stereotype zu reflektieren, eigene Verwobenheit mit diskriminierenden Strukturen zu begreifen und zu reflektieren sowie Handlungsoptionen im Rahmen des Konzeptes des Verbündet-Seins gegen jede Form von Diskriminierungen auszuloten. Hierbei intendiert die Weiterbildung, demokratische politische Handlungskompetenzen der Teilnehmenden für den beruflichen Alltag zu erweitern.

Zentral am Trainingsansatz ist ferner, die Strukturen gesellschaftlicher Diskriminierung in ihren Zusammenhängen und Wechselwirkungen (Systemische Intersektionalität) zu analysieren. Dabei geht es immer auch um die Vermittlung historischer und gegenwärtiger Entwicklungen und um die Frage, wie das erworbene Wissen in die Praxis übertragen werden kann. In jedem Themenmodul verdeutlichen historische Inputs die tiefe gesellschaftliche Verankerung der jeweiligen Diskriminierungsform. Sie zeigen die Produktion von Stereotypen im historischen Kontext, ihre Kontinuitäten, Veränderungen, Reproduktionen und Verfestigungen auf (Diskriminierungsmatrix).

Die Weiterbildung besteht aus neun Modulen mit je eigenen Themenschwerpunkten, in der die Auseinandersetzung mit verschiedenen Diskriminierungsformen stattfindet. Jedes Modul wird von zwei Trainer*innen durchgeführt. In allen Modulen geben die Trainer*innen Inputs zu den jeweiligen Themen, die gemeinsam diskutiert und bearbeitet werden. Praxisorientierte und gesellschaftsbezogene Übungen werden durchgeführt und besprochen sowie inhaltliche Verbindungen zu den anderen Modulen hergestellt (Systemische Intersektionalität). Zudem werden am Ende jedes Moduls Handlungsoptionen gegen die behandelte Diskriminierungsform ausgelotet. Die Teilnehmenden erhalten auch die Möglichkeit, selbst aktiv Übungen zu erproben. Die jeweiligen Themen werden dialogisch mit der Methode Mahloquet und themen- sowie handlungsbezogen reflexiv behandelt. Gleichzeitig werden auf einer Train-the-Trainer*innen-Ebene Fragen der Teilnehmer*innen beantwortet und Übungen durchgeführt, die für das selbstständige Durchführen von Trainings nach dem Konzept „Social Justice und Diversity" relevant sind und wo wir unsere Erfahrungen als Trainer*innen vermitteln. Hintergrund der genannten Handlungsoptionen ist, dass sich das Weiterbildungskonzept gleichzeitig als politisches Konzept des Einmischens gegen jede Form von Diskriminierung versteht und eine konkrete Gesellschaftsutopie (Radical Diversity) fokussiert (siehe im Detail Czollek/Perko et al. 2019; Czollek/Czollek et al. 2023 und https://institut-social-justice.org/ausbildung/)[32].

32 Ausgehend von dem Konzept „Social Justice und Diversity" wurden verschiedene Konzepte in Bezug auf unterschiedliche Bereiche entwickelt. Beispielsweise die Diskriminierungskritische Soziale Arbeit (Perko 2017), die Diskriminierungskritische Beratung von Leah Carola Czollek (2018), Ethik in der diskriminierungskritischen Beratung (Perko 2018), ein Leitfaden für die Umsetzung von Diversity an Hochschulen (Perko 2016) oder Veränderungs- und Handlungsstrategien (Perko 2020). Mit Bezug auf „Social Justice und Diversity" entwickelte Jonathan Czollek (2021, weitere Publikationen sind im Erscheinen) das Konzept der Diskriminierungskritischen Therapie und Beratung und gemeinsam mit Svenja Zierott, El Wahode, Demokrat Ra-

Soziale Arbeit und Erwachsenenweiterbildung: Politisiertes Selbstverständnis

Die Querverbindung zwischen Sozialer Arbeit und der Erwachsenenweiterbildung am Beispiel von „Social Justice und Diversity" liegen in ihrem politisierten Selbstverständnis.

Die Soziale Arbeit rekurriert – über die Individualisierung sozialer Probleme oder deren Kontextualisierung (z. B. der Sozialraumorientierung) und der Intention „Hilfe zur Selbsthilfe" hinausgehend – auf die Prämissen des (inter)nationalen Ethikkodex der Sozialen Arbeit. Als Prämisse gilt: „Grundlage Sozialer Arbeit sind die Prinzipien der Menschenrechte und der sozialen Gerechtigkeit" (IFSW / IASSW 2010: Abs. 2).[33] In der Erwachsenenweiterbildung gilt das Beenden jeglicher Diskriminierung, das Erreichen von Social Justice im Kontext von Radical Diversity[34] mit dem Referenzrahmen der UN-Menschenrechtscharta als oberste Prämisse (siehe Kapitel 2). Zwar bedarf der ethische Kodex der Sozialen Arbeit an der einen oder anderen Stelle einer Erneuerung, doch greift er wesentliche Momente berufsethischer und politisierter Komponenten auf. Bezogen auf Menschenrechte und Menschenwürde werden Autonomie / Selbstbestimmung, Partizipation / Empowerment, systemische/ganzheitliche Behandlung von Personen genannt. Im Hinblick auf die Förderung von Sozialer Gerechtigkeit[35] sind Verteilungsgerechtigkeit, partizipative Anerkennungsgerechtigkeit,

---

madani und Dario Kroll den Ansatz der Diversitätspsychologie (Institut für Diversitätspsychologie 2023). Ebenso mit diesem Bezug verortete Corinne Kaszner (2022) den Ansatz im Fach Philosophie. Ein Diskriminierungskritisches Diversity wird aktuell spezifisch für das Fach Philosophie von der Vorstands-AG „Philosophie und Diversität" auf den Seiten der Deutschen Gesellschaft für Philosophie e.V. ausgearbeitet (https://www.dgphil.de/ags/vorstand/philosophie-und-diversitaet). Weiter Bereiche betreffen u. a. die Beiträge: Radical Diversity und Desintegration im Kontext eines künstlerisch-politischen Projekts (L. C. Czollek / Perko / Kaszner / M. Czollek 2017), Pluralität zweiter Stufe (M. Czollek / Kaszner 2021) und Demokratie und Diversity in der Arbeitswelt (Perko 2023).

33 Der (inter)nationale Ethikkodex wird als eine der zentralen ethisch-politischen Grundlagen professioneller Sozialer Arbeit herangezogen; gleichzeitig grenze ich mich vom Statement der International Federation of Social Workers (IFSW) am 12. 10. 2023 ab, die in Bezug auf den 7. Oktober 2023 die Massaker der Hamas mit keinem Wort erwähnt (siehe: https://www.ifsw.org/solidarity-with-social-workers-in-israel-and-palestine/[letzter Zugriff 16.12.2023).

34 Der Begriff *Radical Diversity* bezeichnet eine konkrete Utopie einer inklusiven und partizipativen Gesellschaft und zugleich eine Praxis, die auf Veränderung homogener Institutionen und Praxen hin zu einem Mainstream der radikalen Verschiedenheit und gesellschaftlichen Pluralität abzielt. Siehe Czollek / Perko et al. (2019), die sich auf Czollek / Perko / Weinbach (2011) beziehen.

35 Die deutsche Übersetzung mit „Sozialer Gerechtigkeit" führt insofern zu Missverständnissen, weil sie ein anderes Gerechtigkeitsdenken anspricht. Was gemeint ist, drückt die englische Fassung aus: „Social workers have a responsibility to promote social justice, in relation to society generally, and in relation to the people with whom they work" (IFSW / IASSW 2010: Abs. 4.2; vgl. dazu Perko 2013).

das Solidaritätsprinzip und Antidiskriminierung zentral. Im Kontext des beruflichen Verhaltens stehen Vertrauen, Empathie/Care, Perspektivenwechsel und Verantwortung im Mittelpunkt (vgl. IFSW/IASSW 2010). Einige Passagen sollen das politisierte Verständnis Sozialer Arbeit im Kontext des sogenannten Tripelmandates[36] hervorheben:[37] „Sozialarbeiter/-innen sind verpflichtet, soziale Gerechtigkeit zu fördern, bezogen auf die Gesellschaft allgemeinen und in Bezug auf die Menschen, mit denen sie arbeiten" (IFSW/IASSW 2010: Abs. 4.2). Dabei wird die Pflicht betont, Diskriminierungen entgegenzutreten, denen Menschen aufgrund von „Fähigkeiten, Alter, Kultur, sozialem bzw. biologischem Geschlecht, Familienstand, sozioökonomischem Status, politischer Meinung, Hautfarbe, rassischen oder anderen körperlichen Merkmalen, sexueller Orientierung oder spirituellem Glauben" (IFSW/IASSW 2010: Abs. 4.2.1) ausgesetzt sind. Zudem wird betont, dass die Verschiedenheit, also die „ethnischen und kulturellen Unterschiede der Gesellschaften" (IFSW/IASSW 2010: 4.2.1) wahrgenommen und berücksichtigt werden müssen. Sozialarbeiter*innen müssen solidarisch arbeiten und haben „die Pflicht, soziale Bedingungen zurückzuweisen, die soziale Exklusion, Stigmatisierung oder Unterdrückung begünstigen, und auf eine inklusive Gesellschaft hinzuarbeiten" (IFSW/IASSW 2010: Abs. 4.2.5). Ferner sollen Sozialarbeiter*innen „nicht zulassen, dass ihre Fertigkeiten für unmenschliche Zwecke wie Folter oder Terrorismus benutzt werden" (IFSW/IASSW 2010: Abs. 5.2).

Diese Ausführungen zeigen deutliche Unterschiede zum Erwachsenenweiterbildungskonzept „Social Justice und Diversity", wie folgende Tabelle anhand ausgewählter Beispiele zeigt:

36 Das Tripelmandat der Sozialen Arbeit bedeutet, dass sich Soziale Arbeit nicht nur zwischen den Ansprüchen von Staat und Klient*innen (Doppelmandat), sondern sich über den Ethikkodex auch auf ihre eigene Fachlichkeit als Profession bezieht.

37 Grundsätzlich sind inhaltliche Ausgestaltungen des Ethikkodex aus verschiedenen Perspektiven interpretierbar. Was die Interpretationen zusammenbringt ist der Rekurs darauf, was Ethik bedeutet. Seit Aristoteles (1969) ist sie eine eigenständige Disziplin und disziplinen- sowie bereichsübergreifend. Bis heute gilt sie als praktische Philosophie, d. h. als Philosophie vom moralischen Handeln. Eingeteilt in die reine Grundlagenethik und die praktische bzw. angewandte Ethik, ist Ethik kein Synonym von Moral (der Inbegriff von Normen, Werten, Regeln etc. einer Gesellschaft). Vielmehr ist sie die Wissenschaft respektive Philosophie des moralischen Handelns und dessen Ergebnissen. Dabei liegt den wenngleich sehr unterschiedlichen Ethikkonzeptionen ein gemeinsames Ziel zugrunde: ein moralisches Handeln, das ein glückliches, moderner ausgedrückt, gelingendes Leben der Menschen intendiert. Dieses Ziel richtet sich auf Andere, auf sich selbst und auf die Natur (vgl. Pieper 2000; Pieper/Thurnherr 1998; Pauer-Studer 2003; Großmaß/Perko 2011).

Tabelle: Gudrun Perko 2023

Ethikkodex der Sozialen Arbeit	Social Justice und Diversity
Diversitykategorien: Fähigkeiten, Alter, Kultur, soziales bzw. biologisches Geschlecht, Familienstand, sozioökonomischer Status, politische Meinung, Hautfarbe, rassistische oder andere körperliche Merkmale, sexuelle Orientierung oder spiritueller Glauben.	**Diversitykategorien:** Alter, Behinderung, Beeinträchtigung, Aussehen, Sprache, soziale Herkunft, geographische Herkunft, Geschlecht/Gender/Queer, sexuelles oder romantisches Begehren, Religion oder Säkularität/Konfessionsfreiheit.
Diskriminierung: Keine Spezifizierung.	**Diskriminierung:** Diskriminierungsmatrix, Strukturelle Diskriminierung und Systemische Intersektionalität: Antisemitismus, Klassismus, Rassismus [u. a. Anti-Schwarzer Rassismus, Anti-Muslimischer Rassismus, Anti-Slawischer Rassismus], Antiromaismus/Antisintiismus [bzw. Rassismus gegen Roma/Sinti//Rom*nja/Sinti*zze, Migratismus Ableismus, Ageismus, Adultismus, Sexismus, Homo- und Transmiseoismus.
Abwenden von Sozialer Exklusion, Stigmatisierung, Unterdrückung.	**Abwenden von** Anwendung von Gewalt, Erzeugung von Machtlosigkeit, Durchsetzung hegemonialer Kulturvorstellungen, Praxen von Ausbeutung und Marginalisierung und Exklusion.
Zielsetzung Solidarität, inklusive Gesellschaft.	**Zielsetzung** Verbündet-Sein, Bündnisse, Gesellschaft, die geprägt ist von Social Justice, Inklusion, Partizipation und Radical Diversity als konkrete Gesellschaftsutopie.

Zwar sind die Spezifika im Erwachsenenweiterbildungskonzept „Social Justice und Diversity“ sprachlich wie inhaltlich differenzierter, wobei sowohl Diversitykategorien, Diskriminierungsformen als auch die Zielsetzungen konkretisiert sind, doch lässt sich deutlich eine Verbindung beider Konzeptionen benennen. Beide sind charakterisiert durch ein politisiertes Selbstverständnis, auf dessen Grundlage in ihren jeweiligen Wirkungsbereichen gehandelt wird.

Umgang mit Diskriminierungskonflikten: Wissenslücken und Leerstellen

Aus der Perspektive der Diskriminierungskritischen Mediation lassen sich Soziale Arbeit und die Erwachsenenweiterbildung „Social Justice und Diversity“ in Bezug auf Diskriminierungskonflikte gleichzeitig betrachten, getragen von der Haltung, dem Wissen und dem Können der Mediator*in (siehe Kapitel 2).

Der Umgang mit Diskriminierungskonflikten in der Sozialen Arbeit und im Erwachsenen(weiter)bildungsbereich ist im deutschsprachigen Raum noch nicht erforscht. Zwar existieren zahlreiche Publikationen zum Thema Konflikt, Konfliktkompetenzen und Konfliktbearbeitung, Konfliktmanagement in der Sozialen Arbeit und einige Materialien und für den Erwachsenen(weiter)bildungsbereich, die sich beispielsweise mit dem Thema „Störungen und Konflikte" auseinandersetzen und Ewachsenenbilder*innen Unterstützung für den Umgang mit Konflikten bieten. Zudem werden verschiedene Mediationsausbildungen und Konflikttrainings angeboten, die Sozialarbeiter*innen und Erwachsenenbilder*innen kostenpflichtig absolvieren können, um ihre Kompetenzen im Umgang mit Konflikten zu professionalisieren. Doch steht dabei das Thema Diskriminierung nicht im Zentrum. Zudem wurden die Perspektiven der Erwachsenenbilder*innen und Sozialarbeiter*innen selbst im Hinblick auf den konkreten Umgang mit Diskriminierungskonflikten bislang nicht umfassend erforscht (u. a. Stehr/Anhorn/Rathgeb 2018; Marx 2015, Franz 2006; 2013, Stövesand 2015, Web-web Kompetenz für Erwachsenen- und Weiterbildner/innen 2023).

Interessant sind hierzu die Ergebnisse einer qualitativen Studie (Perko et al. 2023),[38] in der Sozialarbeiter*innen im Kontext dreier Arbeitsbereiche (Kinder- und Jugendhilfe, Einrichtungen zum Schutz von häuslicher Gewalt, Schulsozialarbeit) danach befragt wurden, inwiefern Diskriminierung im Umgang mit Konflikten ein Thema ist, respektive Diskriminierung die Grundlage für Konflikte bildet. Die Ergebnisse verdeutlichen, dass in Konflikten vor allem Rassismus, rassistische Äußerungen und Beleidigungen, Stigmatisierungen oder eine generelle Ablehnung der Herkunft von Adressat*innen eine Rolle spielen. Hervorgehoben wurden aber auch Antiromaismus / Antisintiismus als Grund für konfliktuale Situationen. Gleichzeitig erzählten Expert*innen von vorkommenden Klassismus, von Lesben- und Schwulenfeindlichkeit, Ableismus sowie von Sexismus als Diskriminierungsfaktoren, die in Konflikten immer wieder auftreten. Betont wurde ferner die generell diskriminierende Sprache zwischen den Adressat*innen in jeglichen Diskriminierungskategorien.[39] Die Ergebnisse verdeutlichen zudem, dass es grundsätzlich einen großen Aufholbedarf gibt, professionelle Methoden der Konfliktlösung heranziehen zu können. Doch wurde von Expert*innen im Hinblick auf den eigenen Umgang mit Konflikten, die auf Diskriminierung basie-

38 Die qualitative Forschung, in der fünfzehn Sozialarbeiter*innen interviewt wurden, wurde 2022 und 2023 im Rahmen meines Reallabors an der Fachhochschule Potsdam zum Thema „Konfliktbearbeitung in der Sozialen Arbeit: Diversity orientierte Mediation" mit folgenden Student*innen durchgeführt: Dieu Linh Nui, Laura Griesbach, Vlada Grigorieva, Helena Liederwald, Saskia Ranwig, Katrin Steffanie Schwarz Garvet, Antonia Stetefeld, Anna Vogel, Angelic Welz, Wenke Wulf. Der Einfachheit halber wird der Bericht zitiert mit Perko et al. 2023. Der Forschungsbericht ist noch nicht veröffentlicht, abrufbar aber unter: https://www.fh-potsdam.de/hochschule-netzwerk/personen/gudrun-perko.

39 Nur wenige Expert*innen erzählten, dass Diskriminierung innerhalb der Einrichtung keine dominierende oder nur eine untergeordnete Rolle in den Konflikten spielt und Konflikte somit nur selten auf Diskriminierung beruhen.

ren, hervorgehoben, dass sie in schwerwiegenden Fällen selbst intervenieren. Sie legen Wert darauf, gegen jegliche Art von Rassismus vorzugehen und versuchen, ein Bewusstsein für internalisierte strukturelle Rassismen zu schaffen. Darüber hinaus wurde die Wichtigkeit verdeutlicht, sich mit den Jugendlichen auszutauschen und sie über Sprache und Diskriminierung aufzuklären. Betont wurde zudem, dass Diskriminierung nicht nur in den Äußerungen erkannt werden soll, sondern auch in den Handlungen und den Auswirkungen für die davon Getroffenen. Schließlich wurde auch die Notwendigkeit der Selbstreflexion über eigene Vorurteile und unbewusste Diskriminierung hervorgehoben. Bei besonders gravierender Diskriminierung, sobald die Expert*innen selbst an die Grenzen ihres eigenen Wissens stoßen, wird externe Unterstützung gesucht und Fachkräfte von außerhalb hinzugezogen.

In den Interviews zeigen sich insgesamt auch Wissenslücken in Bezug auf Diskriminierung, insbesondere in Bezug auf Strukturelle Diskriminierung und bestimmte Diskriminierungskategorien oder Begrifflichkeiten.

Im Erwachsenen(weiter)bildungsbereich verdeutlicht etwa der Themenschwerpunkt Konflikte der *DIE Zeitschrift für Erwachsenen(weiter)bildung* (1/2015 Bielefeld; http://www.die-bonn.de/id/31268), dass Konflikte zu selten bzw. gar nicht thematisiert werden. Dabei werden von den Autor*innen unterschiedliche Möglichkeiten besprochen, u. a. wie wichtig Kompetenzen wie Standhaftigkeit, Überzeugungskraft und Sicherheit bei der Thematisierung von Konflikten im Sinne des professionellen Handelns sind. Das korrespondiert mit Materialien wie „das Kritikgespräch bei Konflikten", das mit einem Stufenmodell verdeutlicht, wie Erwachsenenbilder*innen ein face-to-face Gespräch mit Teilnehmer*innen durchführen können, wenn diese reden, ohne andere Teilnehmer*innen zu Wort kommen zu lassen oder Fragen der Weiterbildner*innen ignorieren. Hervorgehoben werden hier: Rahmen setzen, die eigene Sicht und die Erwartung formulieren, Sichtweisen austauschen, Argumente einsetzen und Vereinbarungen treffen. (https://wb-web.de/material/interaktion/das-kritikgesprach-bei-konflikten.html).

Nicht explizit thematisiert werden Erfahrungen von Erwachsenen(weiter)bilder*innen selbst, die mit Diskriminierungskonflikten konfrontiert sind. So bilden meine eigenen Erfahrungen und der Austausch mit Kolleg*innen die Grundlage für das Wahrnehmen aktueller Herausforderungen: Zunehmend werden verschiedene Diskriminierungskonflikte in den Lernraum getragen und es muss zur Bearbeitung dieser kommen. Erzählungen im kollegialen Austausch aus verschiedenen Weiterbildungen, deren Thema die Auseinandersetzung mit Diskriminierung / Antidiskriminierung ist, verdeutlichen die enorme Herausforderungen damit umzugehen – bis hin zum Scheitern, also dem Abbruch einer Weiterbildung, weil die Ausbildner*innen trotz aller Anstrengungen keine Möglichkeit mehr fanden, Konflikte konstruktiv zu lösen. Auch in der diskriminierungskritischen Weiterbildung „Social Justice und Diversity" sind die Ausbildner*innen herausgefordert, mit Konflikten und im Speziellen mit Diskriminierungskonflikten umzugehen. Zwar kam es in dieser Weiterbildung bislang nicht zur frühzeitigen Beendigung eines Ausbildungskurses, doch musste wir Ausbildner*innen – trotz aller durchgeführten Maßnahmen zur Konfliktlösung – eine Ausbildungsgruppe aufgrund von unlösbaren Diskriminierungskonflikten unter den Teilnehmer*innen in zwei Gruppen trennen und die Weiterbildung mit hohem personellem und finanziellem Aufwand zu Ende führen (siehe Kapitel 4.4). Ungeachtet dieser Erfahrung war bislang das deutliche und klare Ansprechen von Konflikten in Einzelgesprächen oder in der Gruppe erfolgreich, wobei zwei der Ausbildner*innen eine Mediationsausbildung haben und aus dem mediatorischen Repertoire schöpfen konnten. Gleichzeitig war die Entwicklung prophylaktischer Maßnahmen unterstützend, mit denen es immer wieder gelang, mit Konfliktsituationen umzugehen, aber auch die Entstehung von Diskriminierungskonflikten bereits im Vorfeld als Möglichkeit im Blick zu haben.

4.2 Prophylaktische Maßnahmen gegen Diskriminierungskonflikten

Prophylaktische Maßnahmen gegen möglicherweise auftretende Diskriminierungskonflikte können insbesondere im Erwachsenen(weiter)bildungsbereich und für sozialarbeiterische Teams unterstützend sein. Sie nehmen teilweise Elemente des *Diskriminierungskritischen Mediationsverfahrens* auf, fokussieren aber eine andere Richtung der Konfliktbearbeitung als eine mediatorische. Die im Folgenden exemplarisch beschriebenen prophylaktischen Maßnahmen wurden im Rahmen der Erwachsenenweiterbildung „Social Justice und Diversity" nicht zuletzt aufgrund vorkommender Konflikte zwischen den Teilnehmer*innen entwickelt und erprobt.[40]

Bei jeder Weiterbildung wird die Möglichkeit von entstehenden Konflikten vermittelt und mit den Teilnehmer*innen besprochen, wie folgender Ausschnitt aus einem Arbeitsblatt hier skizziert:

Lernraum „Social Justice und Diversity": Diskriminierungskonflikte

„Die Weiterbildung „Social Justice und Diversity" ist ein Lernraum, in dem Perspektiven ausgetauscht werden, in dem Menschen unterschiedlicher Situiertheiten und mit

---

40 Bei der Entwicklung solcher Maßnahmen bringen einzelne Ausbildner*innen (Leah Carola Czollek, Corinne Kaszner, Max Czollek, Naemi Eifler, Jonathan Czollek, Lucy Wagner, Gudrun Perko; siehe www.institut-social-justice.org) Ideen ein, besprechen gemeinsam die Ideen und entwickeln daraus Arbeitsblätter, die in der Weiterbildung erprobt und gegebenenfalls nochmals modifiziert werden.

unterschiedlichen Erfahrungen zusammenkommen und inhaltlich an einem Thema arbeiten. Das Ziel ist gegen Strukturelle Diskriminierung zu arbeiten und zu lernen. Auseinandersetzungen mit gewaltvollen Themen, Diskriminierungsformen, können bei Teilnehmer*innen unterschiedliche Reaktionen hervorrufen: Sie können an eigene Diskriminierungserfahrungen erinnert werden, die in der Weiterbildung schmerzhaft aufgerufen werden, sie können auch bewegt und emotional berührt sein, wenn sie selbst nicht Diskriminierung erfahren haben. Es kann zu Konflikten und zu Diskriminierungskonflikten kommen."

Auszug aus einem Arbeitsblatt der Erwachsenenweiterbildung „Social Justice und Diversity" (modifiziert 2023).

Im Vorfeld dieser Thematisierung werden bereits im ersten Modul der Weiterbildung die Maximen des Arbeitens, spezifische Lernzugänge und die themen- sowie handlungsbezogene Reflexion, die anerkennende (nicht-diskriminierende) Sprache sowie die Mahloquet als methodische Grundlage (Czollek/Perko et al. 2019: 44 ff.) vermittelt und die Mahloquet in allen Modulen geübt. Zudem haben die Ausbildner*innen mögliche diskriminierende Sprach-/Handlungen und Narrative im Blick, wenn sie im Rahmen der Weiterbildung im Kontext von Diskriminierung vorkommen. Auf diese wird von den Ausbildner*innen deutlich und in unterschiedlicher Weise reagiert. So werden diskriminierende Äußerungen und Narrative angesprochen und eingeordnet, Übungen zur Reflexion durchgeführt. Zudem werden Gespräche mit den Ausbildner*innen außerhalb des Lernraums, kurze Pausen im Weiterbildungsablauf eines Modules, individuelle Rückzugsmöglichkeit, um eine Distanz herstellen zu können etc. angeboten. Ferner wurden Maßnahmen insbesondere in Bezug auf mögliche Diskriminierungskonflikte vermittelt und in die Weiterbildung integriert. Im Folgenden werden einige dieser Maßnahmen skizziert: Braver Space, Awareness-Team, Umgang mit „Ich lese Dich", gemeinsame Sorge mit diskriminierenden Momenten.

Braver Space im Lernraum Social Justice und Diversity

Im Lernraum der Erwachsenenweiterbildung „Social Justice und Diversity" setzen sich Teilnehmer*innen mit gewaltvollen Themen (Diskriminierungsformen) auseinander. Immer wieder wird ein *Safe Space* eingefordert, also ein Schutzraum, der macht- und diskriminierungsfrei ist.

Ursprünglich in Kontexten der feministischen und queeren Bewegung der 1960er Jahre in den USA entstanden, bedeutet Safe Space einen realen oder digitalen Ort, in dem sich Personen treffen, die von dergleichen Diskriminierung getroffen sind, sich in einem sicheren Raum austauschen, empowern und organisieren können (Hilger 2023). Einen absoluten Safe Space kann es nicht geben: Orte/Institutionen etc. in Deutschland sind immer ableistisch, antisemitisch, klassistisch, rassistisch, sexistisch u. a. strukturiert. Auch die Einforderung eines *Safer Space*, also eines machtreduzierten und nicht absolut macht- oder diskriminierungsfreien Ortes, lässt sich in einer Erwachsenenweiterbildung nicht zur Gänze garantieren, in der die Teilnehmer*innen aus unterschiedlichsten Kontexten und mit verschiedenen Erfahrungen kommen. Herausfordernd ist die damit nicht selten verbundene Einforderung eines Wohlfühlortes.

In der Weiterbildung „Social Justice und Diversity" steht nicht die Bearbeitung individueller Diskriminierungserfahrungen im Zentrum, nicht Empowerment einzelner von einer bestimmten Diskriminierung getroffener Menschen, sondern das gemeinsame Arbeiten zur Strukturellen Diskriminierung. Dafür bedarf es eines besonderen Lernraumes. Es braucht Mut, Fragen zu stellen, Überlegungen zu teilen, eigene Stereotype und die eigene Verflochtenheit in der Diskriminierungsmatrix zu reflektieren. Abstandnehmend von einem Safe Space oder Safer Space, den wir nicht gewährleisten können, etablierten wir aus diesem Grund einen *Braver Space*:[41]

Braver Space im Lernraum Social Justice und Diversity

Diesen Lernraum wollen wir als Braver Space (mutiger Raum) gemeinsam miteinander gestalten, mit dem Hintergrund, dass hier Menschen zusammenkommen,

- die die Perspektiven, Erfahrungen, Lebensrealitäten der jeweiligen Anderen nicht kennen,
- die unterschiedliche Erfahrungen und Wissensbestände in Bezug auf verschiedenen Diskriminierungsformen haben,
- die in Bezug auf Sprache nicht immer wissen, welche Begriffe oder Narrative diskriminierend sind,
- die in Bezug auf Sprache unterschiedliche Gewohnheiten haben (Dialekte, deutsch als Nicht-/Erstsprache ...),
- die sich gleichberechtigt einen Lernraum teilen und lernen wollen.

Arbeitsblatt aus der Erwachsenenweiterbildung „Social Justice und Diversity" (modifiziert 2023)

Mit der Etablierung eines Braver Space im Lernraum, der auch in einem sozialarbeiterischen Team etabliert werden kann, wird in Verbindung mit der Methode Machloket bzw. Mahloquet den Teilnehmenden vermittelt, im Lernraum diskri-

41 Die Idee von Leah Carola Czollek, sowohl einen Braver Space als auch ein Awareness-Team in die Weiterbildung zu integrieren, wurde im Ausbildungsteam intensiv diskutiert und mittlerweile sehr erfolgreich erprobt.

minierungskritisch, solidarisch, fürsorglich, wohlwollend, aber auch mutig miteinander zu sprechen und zu lernen. Über Strukturelle Diskriminierung mutig gemeinsam nachzudenken und zu sprechen, bedeutet, sich Herausforderungen zu stellen, gegebenenfalls auch die eigenen Komfortzone zu verlassen, verschiedene Perspektiven zuzulassen, zuweilen auch kontroverse Haltungen im Sinne der Ambiguitätstoleranz auszuhalten – immer im Kontext des Referenzrahmens Gewaltfreiheit und UN-Menschenrechtscharta –, um sich letztlich gegen existierende Diskriminierungsrealitäten zu stellen.

Trotz der Etablierung eines Braver Space kann es zu diskriminierenden Äußerungen und Narrative kommen und somit zu Diskriminierungskonflikten. Wesentlich ist dabei selbstredend das Aufmerksam sein der Ausbildner*innen, die diesen je nach Vorfall ad hoc oder auf einer Metaebene begegnen und handeln, sollte es zu diskriminierenden Äußerungen oder grenzüberschreitendem Verhalten kommen.

Awareness-Team im Lernraum Social Justice und Diversity

Eine weitere prophylaktische Maßnahme für den Umgang mit Diskriminierungskonflikten im Lernraum „Social Justice und Diversity" besteht in der Etablierung eines Awareness-Teams, das im ersten Modul angekündigt und besprochen und ab dem zweiten Modul durch Teilnehmer*innen ausgeführt wird. Awareness-Teams, ursprünglich in rassismuskritischen und feministischen Kontexten eingeführt, intendieren in mittlerweile verschiedenen Bereichen (Veranstaltungen, Clubs u. v. m.) Personen in Form von Gesprächen, aber auch Bereitstellen von Informationen und Materialien etc. zu unterstützen, die diskriminierenden Praxen, übergriffigem Verhalten oder sexualisierter Gewalt ausgesetzt werden. Es korrespondiert mit dem Awareness-Konzept, das darauf abzielt, das Bewusstsein und die Wahrnehmung von Diskriminierung und Gewalt zu erhöhen. In der Weiterbildung „Social Justice und Diversity" wird es in stark modifizierter Form zur möglichen Bearbeitung von Diskriminierungskonflikten von Teilnehmer*innen angewendet:

Awareness-Team im Lernraum "Social Justice und Diversity"

Wenn es Konflikte für eine Person oder zwischen Personen gibt, ist es hilfreich, einen Handlungsplan zu haben. Neben anderen Maßnahmen wie Maximen des Arbeitens, Mahloquet etc. und die Aufgaben der Ausbildner*innen schlagen wir ein Awareness-Team für den Umgang mit (Diskriminierungs-)Konflikten vor.
Das Awareness-Team ist nach Absprache in den Pausen ansprechbar.
Es verfolgt Konfliktbewältigungsstrategien im Kontext der Weiterbildung – unter der Beachtung der Prämissen von „Social Justice und Diversity":

- keine Moralisierung,
- keine Hierarchisierung von Diskriminierungsformen,
- keine Polarisierung,
- kein „Lesen" von anderen Personen.

Arbeitsblatt aus der Erwachsenenweiterbildung „Social Justice und Diversity" (modifiziert 2023)

Dabei wird den Teilnehmer*innen, welche die Funktion des Awareness-Teams übernehmen möchten, folgender Leitfaden für Konfliktgespräche zur Verfügung gestellt:

Themenbezogenheit: Was hat der Konflikt mit dem Thema des durchgeführten Moduls zu tun?
Nachfragen: Im Gespräch bleiben, nicht davon ausgehen, dass alle den gleichen Wissensstand haben, dass alle die gleiche Perspektive haben usw.
Differenzen aushalten: Nicht immer kann Alles aufgelöst werden; manchmal bleiben Positionen unverbunden nebeneinanderstehen.

Falls es zu einem Konflikt kommt, stellt dabei folgende Fragen (dabei wird jede Konfliktpartei gehört).

- Worum geht es in dem Konflikt in Bezug auf die Weiterbildung?
- Was ist das Thema des Konflikts?
- Was hat der Konflikt mit Diskriminierung zu tun?
- Was wollt ihr besprechen?
- Was sind die jeweiligen Bedürfnisse und Gefühle?
- Was sind Eure Lösungsvorschläge?

Arbeitsblatt aus der Erwachsenenweiterbildung „Social Justice und Diversity" (modifiziert 2023)

Das Awareness-Team wird zudem darum gebeten, darauf zu achten, dass die Konfliktparteien immer beim Thema bleiben, d. h. dass nicht alle Konflikte, die Teilnehmer*innen haben, im Kontext der Weiterbildung besprechbar oder lösbar sind. Zur Veranschaulichung vermitteln die Ausbildner*innen, was ein themenbezogener und was kein themenbezogener Konflikt ist: Ein themenbezogener Konflikt ist beispielsweise, wenn ein*er Teilnehmer*in (A) ihre Diskriminierungserfahrung (z. B. Klassismus) von ein*er Teilnehmer*in (B) abgesprochen oder ihre Erfahrungen relativiert werden und gleichzeitig die Teilnehmer*in A die Diskriminierungserfahrungen von B (z. B. Rassismus) abspricht oder relativiert. Zwischen Teilnehmer*in A und B kann es ausgehend davon zu einem themenbezogenen Diskriminierungskonflikt kommen. Themenbezogen meint hierbei einerseits, dass es in der Weiterbildung „Social Justice und Diversity" um die Auseinandersetzung mit Struktureller Diskriminierung geht und im Zuge dessen Diskriminierungsformen nicht hierarchisiert werden. Kein themenbezogener Konflikt in dieser Weiterbildung wäre beispielsweise, wenn ein*e Teilnehmer*in inhaltlich etwas anderes erwartet (z. B. Organisationsentwicklung) als die Weiterbildung „Social Justice und Diversity" es gemäß dem Konzept vorsieht, und die Teilnehmer*in dadurch in eine konfliktuale Situation gerät.

Erfahrungsgemäß bewirkt die Etablierung eines Awareness-Teams im Lernraum, dass die Teilnehmer*innen eine beruhigende Gewissheit haben, neben den Ausbildner*innen, immer auch andere Personen ansprechen zu können, und sich auswählen können, wen sie ansprechen. Gleichzeitig vermittelt sich dadurch, dass die Perspektive möglich auftretender Diskriminierungskonflikte in der Weiterbildung auch durch dieses Angebot beachtet wird. Kommt es de facto zu einem Konfliktgespräch können sowohl das Awareness-Team als auch die Konfliktparteien im gegenseitigen Einverständnis immer auf die Ausbildner*innen zurückgreifen. Der möglichen Kritik, dass sich nicht jede Person für die Funktion eines Awareness-Teams eignen würde, kann ausschließlich in Bezug auf die Weiterbildung „Social Justice und Diversity" geantwortet werden: Die Teilnehmer*innen nehmen an der Weiterbildung teil, um sich mit Struktureller Diskriminierung auseinanderzusetzen, um zu lernen und schließlich Handlungsoptionen gegen jede Form von Diskriminierung auszuloten (siehe Anhang). Mit Unterstützung der Ausbildner*innen lernen sie mit der Übernahme des Awareness-Teams eine weitere Methode, mit konfliktualen Situationen im Hinblick auf Diskriminierung umzugehen.

Umgang im Lernraum *Social Justice und Diversity* mit „Ich lese Dich"

Zeigen sich in einer Gruppe Konflikte, die beispielsweise durch das „Lesen" und Interpretieren der Teilnehmenden untereinander entstehen, also durch Fremdzuschreibungen, die den Gelesenen nicht selten unterstellen, diskriminierend zu sein, so kann eine Maxime des Arbeitens in den weiteren Modulen vergegenwärtigt werden – in diesem Falle in Bezug auf das „Lesen".[42] Hierzu wird mit den Teilnehmer*innen folgendes Arbeitsblatt ausführlich besprochen und die Hintergründe vermittelt:

42 Das „Lesen" anderer Teilnehmer*innen wurde von manchen Teilnehmer*innen in der Weiterbildung praktiziert und evozierte immer wieder Diskriminierungskonflikte. Deshalb entstand die Idee, dem „Lesen" das Zuhören entgegenzustellen, und eine Übung für die Erwachsenenweiterbildung „Social Justice und Diversity" zu kreieren, die Teilnehmer*innen im Modus der Mahloquet miteinander besprechen: „Was ist der Unterschied zwischen *Ich lese Dich* und *Ich höre Dir* zu?"

Lesen im Lernraum „Social Justice und Diversity"

- Sich-Einlassen auf radikale Fremdheit.
- Keine Fremdzuschreibungen.
- Kein „Lesen" von anderen Personen – wir kennen die jeweils Anderen nicht.

Arbeitsblatt aus der Erwachsenenweiterbildung „Social Justice und Diversity" (modifiziert 2023)

Mit dieser Vergegenwärtigung wird durch die Ausbildner*innen ermöglicht, nochmals über die Bedeutung des „Lesens" anderer Menschen zu sprechen, ohne ihre Geschichte, ihre Erfahrungen, ihr So-Sein etc. zu kennen. Dabei kann die ideengeschichtliche Bedeutung vermittelt werden, die in der griechisch-okzidentalen Philosophie ihren Ursprung hat, welche von den „Lesenden" nicht selten als „westliche" Tradition bezeichnet wird. Das Lesen steht hier im Zusammenhang mit dem Sehen und der Inanspruchnahme der Macht vonseiten der Sehenden.

So beinhalten Platons Werke zwar auch Zweifel und Kritik am Sehen, indem das Sichtbare in Frage gestellt und dem Logos nachgeordnet wird (Konersmann 1999: 19), doch betont er im Timaios (2003) den besonderen Charakter der Augen und beschreibt hierbei den engen Zusammenhang zwischen dem Sehen und der Philosophie als Liebe/Freundschaft zur Weisheit. Damit betont Platon die Wichtigkeit des Sehens insofern als die Philosophie einen obersten Stellenwert einnimmt. Auch Aristoteles verdeutlicht das Primat des Sehens, wenn er formuliert:[43] „Alle Menschen streben von Natur aus nach Wissen. Ein deutliches Zeichen dafür ist die Liebe zu den Sinnenwahrnehmungen. Denn abgesehen vom Nutzen werden diese um ihrer selbst willen geliebt, und von allen besonders die Sinneswahrnehmungen, die durch die Augen zustande kommt" (Aristoteles 1970, A, 21 ff., S. 17). Die Hervorhebung der Augen zielt auf die Möglichkeit ab, über das Sehen zu erkennen und zu kategorisieren: „Denn nicht nur, um zu handeln, sondern auch, wenn wir keine Handlung vorhaben, geben wir dem Sehen sozusagen vor allem den Vorzug. Das ist darin begründet, daß dieser Sinn uns am meisten befähigt, zu erkennen und uns viele Unterschiede klarmacht" (Aristoteles 1970, A. 21 ff., S. 17). Hannah Arendt übersetzt die aristotelische Passage „Alle Menschen streben von Natur aus nach Wissen" mit ihrer eigentlichen Bedeutung folgenderweise: „Alle Menschen möchten sehen und gesehen haben [d. h. wissen]" (Arendt 1979: 67). In der griechischen Antike wird dem Sehen (gr. eidénai, wortverwand mit idéa, Idee) deutlich der Vorrang eingeräumt. Es geht auf den Begriff *theoria* (An- und Zuschauen, Betrachtung und Erkenntnis) zurück. Dabei geht es um

43 Platon (428/427 v. Chr. bis 348/347 v. Chr.) war ein Philosoph in der griechischen Antike, der mit seinen Werken, wie Aristoteles (384 v. Chr. bis 322 vor Chr.), großen Einfluss hatte und bis heute wirkt.

die Betrachtung der Wahrheit oder des Wesens einer Sache. Diese Tradition, die sich im allsehenden Auge des christlichen Gottes wiederfindet, der Alles sieht/erkennt, was Menschen sind, alles weiß, was sie tun, räumt dem Gelesenen keinen Raum ein, sich in seinem So-Sein selbst zu bestimmten.

Übertragen auf das „Lesen" einer mir nicht bekannten Person bedeutet diese Traditionslinie der Aufrechterhaltung des Primats des Sehens, das sehende Ich ins Zentrum zu stellen, das die vermeintliche Macht besitzt, die Anderen zu erkennen, zu kategorisieren, zu bestimmen und zu wissen, was und wie sie angeblich sind. Das Einbringen der Bedeutung des Lesens/Sehens durch die Ausbildner*innen kann zu Überlegungen führen, wie: In welche Machtposition begebe Ich mich, wenn ich andere Personen lese? Steht meine Deutung an höherer Stelle als die Selbstdefinition der von mir gelesenen Person? Inwiefern ist mein Lesen ein gewaltvolles Hineinpressen einer mir fremden Person in von mir imaginierte Kategorien? Diesen Reflexionsraum zu eröffnen, kann schließlich dazu führen, eigenen „Seh- und Lesegewohnheiten" und damit unreflektierte Annahmen über andere Personen kritisch infrage stellen zu können.

Um dem Primat des Sehens und damit verbunden dem Lesen anderer Personen etwas entgegenzusetzen, ist es zudem hilfreich das einander Zuhören anzusprechen, wie es in der Machloket aufgenommen und in der Erwachsenenweiterbildung „Social Justice und Diversity" als grundlegende Prämisse und Methode entwickelt wurde. Bereits Hannah Arendt fragt in dem Buch *Das Denken* (1979) danach, warum es in der philosophischen Tradition nicht um das Primat des Hörens geht. Ihre Überlegung evozieren die Vorstellung, dass das (Zu)Hören und damit Empfangen von Informationen durch Andere eine wesentlichere Rolle bei der Entstehung von Wissen und Erkenntnis spielt als das Sehen. Das Wort, das Vernehmen des Wortes und der Dialog, verankert im Judentum (Konersmann 1999: 18), steht dabei diametral dem Sehen gegenüber: „Du sollst dir kein Bild machen und keine Gestalt dessen im Himmel droben, auf Erden drunten oder im Wasser unter der Erde" (Tora, 2. Buch Moses, Exodus 20,4). Das bedeutet übertragen auf säkulare Bereiche, dass andere Personen nicht festgelegt, kategorisiert und bestimmt werden, was und wie sie sind. Vielmehr geht es um ein „Sich-Einlassen auf radikale Fremdheit: Jede_r ist im Sinne der Gastfreundschaft des Anderen Gast" (Czollek/Perko et al. 2019: 45). Dieses Einlassen rückt das jeweilige Du, die Anderen ins Zentrum, die sich selbst zu dem äußert, zu dem sie sich äußern möchte, die selbst über sich sprechen, worüber sie über sich sprechen möchten. Im Zentrum steht das Zuhören und Nachfragen, damit das durch andere Personen Geäußerte nicht über die eigene Geschichte, die eigenen Erfahrungen etc. interpretiert wird und nicht das Alter Ego, das andere Ich, gesucht wird.

In der Vermittlung und im Weiteren auch im Üben des Zuhörens können Teilnehmer*innen der Erwachsenenweiterbildung entgegen einer „Seh- und Lesegewohnheiten" zuhörend, nachfragend, verstehen wollend, themenbezogen dialogisch und perspektivenvielfältig miteinander arbeiten. Im besten Falle lassen sich über diese Intervention Diskriminierungskonflikte, die durch ein „Ich lese Dich" entstehen können, thematisieren und in einer anerkennenden Weise bearbeiten respektive lösen. Dabei liegt das Augenmerk auf das einander Zuhören, womit eine Zuhörkompetenz als Fähigkeit, aktiv und aufmerksam zuzuhören, um das jeweilige Gegenüber wahrzunehmen, gestärkt werden kann.

Gemeinsame Sorge für den Lernraum im *Social Justice und Diversity* mit diskriminierenden Momenten

Die Angebote der Ausbildner*innen sind nicht immer für alle Teilnehmer*innen ausreichend. Deshalb etablierten wir in der Erwachsenenweiterbildung „Social Justice und Diversity" zusätzlich eine Übung, in der es um die gemeinsame Sorge für den Lernraum in Bezug auf diskriminierende Momente und möglicherweise entstandenen Diskriminierungskonflikten geht:

Gemeinsame Sorge im Umgang mit diskriminierenden Momenten

Besprecht im Modus der Mahloquet folgende Fragen:

- Wie können wir gemeinsam für diesen Lernraum sorgen?
- Welche Sofortreaktionen können wir entwickeln, wenn eine Person eine Aussage diskriminierend findet* oder wenn ein diskriminierender Moment entsteht?
- Wie könnt ihr jetzt weiterarbeiten?

* Die Formulierung, dass „jemand eine Aussage diskriminierend findet" bedeutet, dass diese Person aus ihrer Erfahrung und Perspektive eine Aussage als diskriminierend bewertet. Es ist nicht gemeint, dass das an der Person liegt oder eine Überreaktion darstellt.

Arbeitsblatt aus der Erwachsenenweiterbildung „Social Justice und Diversity" (modifiziert 2023).

In der gemeinsamen Erarbeitung werden die Vorstellungen der Teilnehmer*innen deutlich und erfahrungsgemäß von ihnen selbst ein Modell entwickelt, dass neben all den anderen Angeboten ermöglicht, mit diskriminierenden Momenten und Diskriminierungskonflikten umgehen zu können. Die Beteiligung der Teilnehmer*innen bedeutet, sich gemeinsam einen Lernraum zu gestalten, in dem zwar Abstand von der Vorstellung eines absoluten Safe Space genommen wird, aber klare Umgangsmöglichkeiten mit möglichen diskriminierenden Momenten etabliert werden. Die Bitte, diese im Modus der Mahloquet zu etablieren, bedeutet, dass keine Perspektive aus einen solchen Lernraum zum Verschwinden gebracht wird, sondern sie vielmehr bestehen bleiben. Da die Weiterbildung eine

Trainer*innenausbildung ist, lernen die Teilnehmer*innen zugleich, in ihren zukünftigen Social Justice und Diversity Trainings diese Methode durchzuführen.

4.3 Fallbeispiele Diskriminierungskonflikte: Mediatorische Begleitung und Konfliktbearbeitung

Die Unvereinbarkeit im Denken, Fühlen und Wollen als Definition eines Konfliktes zwischen den Akteur*innen (Glasl 2002a, b; Rosenstiel 1980) können sich durch Diskriminierungsrealitäten, eigene Diskriminierungserfahrungen sowie durch aktuell oft unversöhnlich und polarisierende geführte Diskriminierungsdiskurse verdichten. Die Verhärtung einzelner Positionen, der Versuch einzelner Teammitglieder oder Teilnehmer*innen die „richtige Wahrheit“ und das jeweils eigene Interesse gegen den Willen anderer durchsetzen zu wollen, kann, wie in Kapitel 1 bereits geschrieben, ein sozialarbeiterisches Team oder eine Erwachsenen(weiter)bildungsgruppe in Konflikte bringen, die über eine herkömmliche Storming-Phase weit hinaus gehen. Gemeint sind hier konkret jene Diskurse, in denen es einerseits zu Hierarchisierungsversuchen („meine erlebte Diskriminierung, die Diskriminierungsform X ist am furchtbarsten“), andererseits zu gegenseitigem empathielosen Verhalten (z. B. „white tears oder nondisabled tears interessieren mich nicht“) oder zu pauschalisierenden Abwertungen oder Vorwürfen kommt, auch wenn die Angesprochenen nicht diskriminierend sind (z. B. „jemanden als weiß zu lesen und abzuwerten“). Erfahrungen zeigen, dass dadurch beispielsweise die Teamarbeit in Bereichen der Soziale Arbeit erschwert, zuweilen verunmöglicht wird, und die Adressat*innen „vergessen“ werden. Auch im Erwachsenen(weiter)bildungsbereich wird dadurch das jeweils themenbezogene Arbeiten mit Gruppen zu einer enormen Herausforderung für Erwachsenenbildner*innen. Aus dem Blick gerät damit nicht selten ein gesellschaftlicher Raum, in dem Diskriminierungsrealitäten strukturell verankert, Bedrohungsszenarien real sind und in dem die Notwendigkeit besteht, solidarisch gegen jede Form von Diskriminierung aufzubegehren.

Sozialarbeiter*innen und Erwachsenenbildner*innen sind nicht per se Mediator*innen. Werden Diskriminierungskonflikte mediatorisch mit Unterstützung einer externen Mediator*in bearbeitetet, so eignet sich dafür das *Diskriminierungskritische Mediationsverfahren*. Treten sie auf und es wird keine externe Mediation herangezogen, so können Elemente dieser im Hinblick auf Konfliktlösungsmethoden angewendet werden. Im Folgenden werden Beispiele selbst durchgeführter Mediationen und Konfliktbearbeitungen beschrieben, wobei sie derart entfremdet werden, sodass keine Rückschlüsse auf reale Personen möglich sind.

4.3.1 Mediation: Diskriminierung gegen Transgender, Lesbe, Migrant*in

Herr A und Frau B kontaktierten eine Mediator*in und schilderten ihr Anliegen. Wichtig war ihm zu erzählen, dass er ein Transgender-Mann ist und Diskriminierungserfahrungen hat. Frau B erzählte, dass sie als Frau gelesen werden will, Lesbe und seine Partnerin ist. Zugleich erzählte Frau B, dass sie als Kind von ehemaligen „Gastarbeiter*innen" Diskriminierung erfährt. Beide vergewisserten sich, dass die Mediator*in damit umgehen kann. Die Konfliktparteien berichteten von ihren Diskriminierungserfahrungen, aber auch, dass diese von der Partner*in nicht ernst genommen würde. Frau B und Herr A leben seit 5 Jahren eine Beziehung miteinander, arbeiten gemeinsam als Sozialarbeiter*innen, wohnen aber getrennt. Nun stünden sie davor, sich zu trennen, wobei sie die Vorstellung einer Trennung schmerzt. Sie wollen weiterhin ein Freundschafts- und ein Arbeitsverhältnis beibehalten. Der Versuch, eine Paartherapie zu machen, habe sie nicht weitergebracht. Beide wollen eine Mediation. Die Mediator*in vermittelte, dass die Mediation nach dem *Diskriminierungskritischen Mediationsverfahren* durchgeführt wird. Es fanden fünf Sitzungen statt, die im Folgenden verkürzt dargestellt werden.

1. Station: Vorbereitung der Mediator*innen

Die Mediator*in hat ein umfängliches Wissen über den Kontext, u. a. in Bezug auf die Diskriminierungsrealitäten von Transgender-Personen und Lesben, die Geschichte der so genannten Gastarbeiter*innen und den Auswirkungen hinsichtlich möglicher Anfeindungen und Rassismus. Sie macht sich darüber hinaus kundig in Bezug auf die Struktur, Inhalte und Ziele des Arbeitskontextes, in dem Frau B und Herr A gemeinsam arbeiteten.

2. Station: Einleitung – Referenzrahmen/Regeln

Den Konfliktparteien wurde erklärt, was Mediation ist und welche Besonderheiten das *Diskriminierungskritische Mediationsverfahren* ausweist. Betont wurde, dass die freiwillige Teilnahme Bedingung ist und die Autonomie der Konfliktparteien, ihre Selbstentscheidungen und die eigene Deutung ihrer Konflikte im Zentrum stehen. Hervorgehoben wurde die neutrale und allparteiliche Rolle der Mediator*in, die keine Partei für eine der anwesenden Konfliktparteien ergreift. Angesprochen wurde, dass die Mediator*in nicht die Instanz ist, die entscheidet, was richtig, was falsch ist und dass sie nicht diese Machtposition inne hat. Im Zuge dessen wurde die Aufgabe und die Rolle der Mediator*in vermittelt, beispielsweise dass die Mediator*in in manchen Situationen die Stimme des Nicht-Ausgesprochenen für Konfliktparteien übernehmen kann, um verschwiegene, oftmals tabuisierte Themen aufzugreifen und so die neutrale Distanz aufgibt, wenn es erforderlich ist. Des Weiteren wurde hervorgehoben, dass die Zielsetzung der Mediation eine Win-Win-Lösung ist und darüber hinaus – als eine Besonderheit der Diskriminierungskritischen Mediation – Maßnahmen im Sinne des Verbündet-Seins als Solidarität, in der das Anliegen beider Konfliktparteien im Zentrum steht. Verdeutlicht wurde ferner die Wichtigkeit einer gemeinsamen Vereinbarung als Abschluss der Mediation. Abschließend wurde der Referenzrahmen als Regeln der Klassischen Mediation folgend vereinbart: Keine verbalen Angriffe, keine absichtlichen Provokationen, keine Gewalt, Ausreden lassen, sich auf den gleichen Stand bringen. Im Sinne des Diskriminierungskritischen Mediationsverfahrens kam hinzu, dass die Konfliktparteien den Vorschlag annahmen, den Hintergrund ihres jeweilig Gesagten mit zu kommunizieren und es in der Mediation um ein diskriminierungsfreies Sprechen miteinander geht und eine Bejahung von Diskriminierung keine Perspektive ist. Die Frage danach, ob die Konfliktparteien Ergänzungen haben, wurde dahingehend aufgegriffen, dass beiden das Ausreden lassen sehr wichtig ist.

*(Die Mediator*in machte die sieben Stationen auf einer Flipchart wahrnehmbar und erklärte die Abfolge der Mediation. Die Rahmenbedingungen wurden ebenfalls visuell festgehalten, damit sie für die Konfliktparteien während der Mediation wahrnehmbar waren.)*

3. Station: Konflikterhellung (Darstellung/Sichtweisen, Interessen hinter den Positionen)

In dieser Station ging es um die jeweiligen Sichtweisen der Konfliktparteien. Frau B machte Herrn A Vorwürfe und bemängelte, dass nur mehr sein Leben zählt. Sie könne gut mit dem Thema Transgender umgehen, aber sie sei lesbisch und zudem Kind von ehemaligen „Gastarbeiter*innen" und erlebt selbst Diskriminierung, was ihr sehr zu schaffen macht. Für Frau B bestand der Konflikt darin, dass Herr A sie als Lesbe und als Migrantin nicht wahrnehmen würde. Herr A erzählte von seinen Erfahrungen als Transgender-Mann im Beruf und im privaten Bereich. Er fühlte sich schlecht behandelt, würde abgewertet oder auch lächerlich gemacht. Auch bei Frau B fühlte er sich als Transgender-Mann nicht ernstgenommen; so könne Frau B mit seinem Transgender- Sein nicht umgehen. Beide Seiten betonten immer wieder, die je andere Person würde ihr Leben nicht verstehen. Zentral war für beide die mangelnde gegenseitige Anerkennung. Herr A sprach dabei von Angst und Verunsicherung, Frau B von Angst und Wut. Beide betonten, dass sie auch traurig sind, sich trennen wollen, aber weiterhin eine Freundschaft beibehalten und gemeinsam arbeiten wollen, wüssten aber nicht, wie das gehen sollte. Beide forderten voneinander, sensibel zu sein, sich situativ wahrzunehmen und sich jeweils mit den Themen Transgender, Lesbisch-Sein und Migration zu beschäftigen und darüber Gespräche zu führen und forderten vor allem Anerkennung ein.

*(In dieser Station wie auch den weiteren Stationen verwendete die Mediator*in immer wieder Kommunikationstechniken wie Aktives Zuhören, Reframing und Paraphrase, um ein gegenseitiges Verständnis der Konfliktparteien zu ermöglichen. Auf Flipchart wurde festgehalten, worin der Konflikt für Frau B und Herrn A bestand.)*

4. Station: Konflikte im historisch-gesellschaftlichen Kontext und Strukturelle Diskriminierung

In dieser Station ging es darum, die Diskriminierungskonflikte in einen historisch-gesellschaftlichen Kontext zu stellen. Mit Einverständnis der Konfliktparteien veranschaulichte die Mediator*in diesen Kontext mit der Diskriminierungsmatrix und der Systemische Intersektionalität (siehe Kapitel 2) und hob schließlich die Diskriminierung gegen Transpersonen, Lesben und Migrant*innen hervor, weil es den Konfliktparteien darum ging. Im darauffolgenden Gespräch erzählten sich die Konfliktparteien konkret, was sie im Alltag, aber auch in der Arbeit erleben. So etwa schilderte Herr A seine Erlebnisse als er mit seiner Freundin zu einem Geburtstag eingeladen wurde und Frau B ihn mit „das ist meine Freundin A" vorstellte. Der Abend war, so Herr A, für ihn gelaufen, weil er aus seiner Perspektive von Frau B als Frau und nicht als Transgender-Mann wahrgenommen wurde. Genau diese Erfahrungen machen seinen Alltag aus. In der Öffentlichkeit wird er als Frau angesprochen, ebenso in der Arbeit von manchen Kolleg*innen, die ihn ohnehin als Trans-Mann am liebsten kündigen würden. Er bemängelte zudem, dass es keine All-Gender-Toiletten gibt und wie gedemütigt er dadurch wird, wobei er außerhalb seiner Arbeit gerade in Toiletten sehr viel Gewalt erlebte. Frau B wiederum erzählte von einem Seminar zum Thema „Migration – Rassismus – Gender/Queer", welches sie mit Herrn A gemeinsam leitete. Sie sei professionelle Trainerin und musste erleben, wie Herr B, der zum ersten Mal ein Training mitleitete, eine spontane Übung mit den Teilnehmer*innen durchführte und ihr dabei den Rücken zukehrte. Dabei fühlte sich Frau B als Migrantin nicht wahrgenommen. Auch sie erzählte von Anfeindungen im Alltag und dass einige ihrer Klient*innen sie in der Arbeit als Lesbe beschimpften. Herr A müsse das kennen, meinte sie, denn schließlich war er ja selbst lange Jahre Frau und lesbisch. Für Frau B meint Anerkennung zuallererst, dass sich Herr A mit der Geschichte der „Gastarbeiter*innen" und mit Diskriminierung von Migrant*innen auseinandersetzen solle. Er solle sich so mit ihrem Leben beschäftigen. Frau B möchte weiters, dass Herr A öfter nachfragt, wie der Tag war, was sie erlebt hat, und ihr zuhört, ohne zu sagen, das kenne er ohnehin auch. Herr A wiederum möchte, dass sich Frau B mit dem Thema Transgender genauer beschäftigt, mit ihm medizinische Erkundigungen anstellt, zu Informationsveranstaltungen mitkommt. Insgesamt kamen in dem sehr emotional geführten Gespräch beide Perspektiven in Bezug auf die Diskriminierungserfahrungen heraus und die Konfliktparteien konnten so nach und nach ein gegenseitiges Verständnis entwickeln. Frau B versicherte schließlich, dass sie sich mehr mit dem Thema Transgender und Diskriminierung auseinandersetzen wird, sich auch medizinisch erkundigen will, was das alles für die Gesundheit bedeutet. Herr A wiederum möchte seine Wissenslücken über die Geschichte der Gastarbeiter*innen füllen.

*(In dieser Station kann die Mediator*in ihr Diskriminierungswissen mit Einverständnis der Konfliktparteien einbringen. In diesem Fall war es nicht notwendig, weil die Konfliktparteien selbst über ihre Diskriminierungserfahrungen und deren Auswirkungen erzählten. Die Veranschaulichung der Diskriminierungsmatrix und Systemischer Intersektionalität vermittelte an der Stelle, dass es nicht zu einer bewertenden Hierarchisierung ihrer erlebten Diskriminierung kommen muss und intendierte so ein gegenseitiges Verständnis und eine Perspektivenverschiebung.)*

5. Station: Strukturelle Eingebundenheit des jeweiligen Konfliktes

Die Konfliktparteien arbeiten in einer sozialarbeiterischen Einrichtung und führen in diesem Kontext u. a. gemeinsam Antidiskriminierungsseminare durch. Sie wurden in dieser Station mit Blick darauf, dass beide von ihren Diskriminierungserfahrungen in der Arbeit erzählten, gebeten, in einem gemeinsamen Gespräch die strukturellen Bedingungen des Konfliktes anzusehen und zu reflektieren, was dies je einzeln für sie bedeutet und welches Handeln für sie daraus folgen kann. Sie kontextualisierten ihre berufliche Tätigkeit und nahmen den Träger, die Kolleg*innen und die Adressat*innen ihrer Arbeit in den Blick. Es kristallisierte sich heraus, dass ihr Anspruch der Antidiskriminierungsarbeit ein sehr hoher ist, sie ihre Tätigkeit als Sozialarbeiter*innen explizit als politische Antidiskriminierungsarbeit sehen und verstanden haben wollen. Gleichzeitig waren sie sich einig, dass diskriminierende Praxen von Seiten mancher Kolleg*innen insbesondere in verbaler Weise gegen sie gerichtet sind, von denen sie jeweils verlangten, sich anders zu verhalten. Bemängelt wurde von beiden, dass es im Team keine direkte Auseinandersetzung damit gab, sondern diese, wenn überhaupt, nur bilateral ausgetragen werden. Während Herr A antidiskriminierendes Verhalten auch von den Adressat*innen einforderte, betonte Frau B, dass es nicht zur Aufgabe der Sozialen Arbeit gehört, ein diesbezügliches Verhalten von Klient*innen zu verändern. Beiden war im Verlauf des Gespräches wichtig, ihre gegenseitigen Wünsche zu formulieren, die darin bestanden, dass sie voneinander Unterstützung in der Arbeit und bei beruflichen Treffen haben möchten. Sie möchten ihr Verständnis von Sozialer Arbeit als Antidiskriminierungsarbeit auch im Verhalten ihnen selbst gegenüber gesehen haben.

*(Findet eine Mediation mit Konfliktparteien statt, die sich ihres beruflichen Auftrages nicht bewusst sind, so kann die Mediator*in diese Informationen vermitteln. Hier etwa den (inter)nationalen Ethikkodex der Sozialen Arbeit in Bezug darauf, worin der Auftrag als An-*

tidiskriminierungsarbeit besteht und in Bezug auf das kollegiale Verhalten, siehe IFSW/IASSW 2010.*)*

6. Station: Perspektivenverschiebung – Verbündet-Sein und systemische Eröffnung des Konfliktraumes hin zur Gesellschaft

Über mediatorische Kommunikationstechniken vermittelte die Mediator*in in dieser Station die Möglichkeit, die Idee des Verbündet-Seins als möglichen Handlungsspielraum ins Gespräch hineinzunehmen. Dabei regte sie an, beide Dimensionen im Blick zu haben: Möglichkeiten der gemeinsamen Unterstützung in der Arbeit und die von beiden gewollte Aufrechterhaltung einer Freundschaft. Im darauffolgenden Gespräch waren sich die Konfliktparteien schnell einig, dass sie sich in der Arbeit gegenseitig unterstützen müssen und wollen. Sie wollen sich intensiver mit den Diskriminierungsformen auseinandersetzen, die die jeweils andere Person erlebt und mit diesem Wissen in der Arbeit agieren. Frau B und Herr A erzählten, wie schwer es ihnen jeweils fällt, sich tagtäglich gegen diskriminierende Äußerungen zu wehren, wenn sich diese je eigens gegen sie richten. Beide Konfliktparteien überlegten eine Strategie dahingehend, ob es angesichts der Verletzbarkeit nicht besser wäre, wenn die je andere Person sich zu verbalen Äußerungen verhält, von der sie selbst nicht getroffen ist. Frau B schlug dabei vor, dass sie auch versuchen will, verbündete Kolleg*innen anzusprechen, denn nicht alle sind ihnen gegenüber diskriminierend. Herr A fand das eine gute Idee und will zudem, dass sie sich beide noch Gedanken machen in Bezug auf den Träger der Einrichtung und die Leitung, die an sich in Ordnung sind, aber unter deren Leitung sich Diskriminierungspraxen in Bezug auf Transpersonen, Lesben und Migrant*innen abspielte.

Über eine mögliche Aufrechterhaltung einer Freundschaft wollten die Konfliktparteien noch außerhalb der Mediation nachdenken; sie vermuteten, dass ein neuer Umgang im Arbeitskontext bereits ein Schritt dahin sein könnte.

*(Das Einbringen eines möglichen Verbündet-Seins kann durch die Mediator*in erfolgen, wenn die Konfliktparteien es nicht von sich aus ansprechen. Die systemische Eröffnung des Konfliktraumes hin zur Gesellschaft betraf in dieser Mediation den Arbeitskontext.)*

7. Station: Konfliktlösung und Vereinbarung

In dieser Station regte die Mediator*in an, dass es bei der Konfliktlösung und Vereinbarung um eine *Win-Win-Lösung* geht, die auch über ein *Entweder-Oder* hinausgehen und ein *Sowohl-Als-Auch* fokussieren kann. Aufgrund der Erfahrungen, die Frau B und Herr A im Verlauf der Mediation erzählten, regte die Mediator*in zudem an, Vereinbarungen im Hinblick auf die von ihnen erlebten Diskriminierungspraxen auf der individuellen, der institutionellen und der kulturellen Ebene anzustellen, und sie verwies darauf, dass beide Konfliktparteien im Verlauf der

Mediation schon einige Vorschläge gemacht haben. Herr A schlug vor, diese auf der Flipchart zu sammeln, Frau B war damit einverstanden. Insgesamt schlugen die Konfliktparteien im Verlauf dieses Gespräches Folgendes in Bezug auf die gegenseitige Unterstützung in der Arbeit und bei beruflichen Treffen vor:

Individuelle Ebene: Frau B will sich intensiv mit dem Thema mit Transgender beschäftigen; Herr A möchte sich mehr vergegenwärtigen, wie es ihm als Frau und Lesbe erging und er möchte sich intensiv mit dem Thema Migration und "Gastarbeiter*innen" auseinandersetzen. Beide möchten jeweils füreinander eintreten, wenn einzelne Kolleg*innen sich diskriminierend äußern und so die jeweils andere Person schützen. Sie möchten unter den Kolleg*innen Einzelgespräche zum Thema führen und zusehen, ob sie Verbündete finden.

Institutionelle Ebene: Die Konfliktparteien waren sich einig, dass sie bei einer Teamsitzung die Themen ihrer Diskriminierungserfahrungen angehen wollten. Hier hatten sie die Idee, externe Personen einzuladen, die einen Workshop durchführten. Dabei ging es ihnen um eine Sensibilisierung zu den Themen Diskriminierung von Transpersonen, Lesben und Migrant*innen in Bezug auf ihren Arbeitskontext, also ausgehend von einigen Kolleg*innen. Dem Träger und der Leitung möchten sie vorschlagen, ein Antidiskriminierungsleitbild zu erstellen und werden dabei ihre Unterstützung anbieten.

Kulturelle Ebene: Beide Konfliktparteien formulierten, dass sie sich Rückendeckung und gegenseitige Unterstützung in ihren jeweiligen Kämpfen gegen Rassismus, Homo- und Transmiseoismus innerhalb ihrer Arbeit, aber auch darüber hinaus, wünschten. Sie können sich vorstellen, regelmäßig darüber zu sprechen.

Nach diesem Gespräch bekundeten beide, dass zwar die Frage einer möglichen Freundschaft noch offen ist, sie sich aber voneinander wahr- und ernstgenommen fühlten.

*(Die Anregungen der Mediator*innen können hilfreich sein, wenn es sich in den Erzählungen um Strukturelle Diskriminierung handelt, Diskriminierungspraxen auf diesen drei Ebenen stattfinden, damit die Konfliktparteien Vereinbarungen systematisierter bedenken können. Die Vereinbarungen wurden festgehalten und nochmals von der Mediator*in zusammengefasst und schließlich von den Konfliktparteien unterschrieben. Die Mediator*in bot einen Nachfolgetermin an, den die Konfliktparteien bei Bedarf wahrnehmen können.)*

Reflexion der durchgeführten Mediation

Der Konflikt schien zunächst hauptsächlich auf der persönlichen Ebene der Konfliktparteien zu liegen. Doch im Verlauf des Gespräches verdeutlichte er sich als

Diskriminierungskonflikt dahingehend, dass beide Konfliktparteien von je verschiedenen Diskriminierungsformen und -praxen getroffen sind, die sich auch innerhalb ihrer Arbeit abspielten. Darüber konnten sich die Konfliktparteien relativ schnell verständigen und den Konflikt hin zur Gesellschaft, insbesondere zum Arbeitskontext, eröffnen. In einem miteinander Verbündet-Sein gelang es mit Unterstützung der Mediation, Vereinbarungen zu treffen, die beiden Rückendeckung und Stärkung gaben. Die Spezifika des Diskriminierungskritischen Mediationsverfahrens, getragen von der Haltung, dem Wissen und Können der Mediator*in, bot einen Raum, miteinander sprechen zu können, von dem ausgehend die Konfliktparteien auf die Handlungsebene kamen.

4.3.2 Mediation: Beanspruchung eines Raumes aufgrund von Diskriminierungserfahrungen

In einer Hochschule für Soziale Arbeit steht ein Raum für Student*innen zur Verfügung. Er wurde zunächst von allen, die wollten, benutzt. Nach einiger Zeit beanspruchten einzelne Gruppen von Student*innen den Raum für sich. Es kommt zu einem Streit unter den Gruppen, der längere Zeit andauerte und keine Lösung im Hinblick auf den Raum in Aussicht war. Vertreter*innen der beteiligten Gruppen kontaktierten daraufhin mit Einverständnis aller Beteiligten die Mediator*in, von der sie gehört hatten, dass sie sich auf Diskriminierungskonflikte spezialisiert hat. Sie möchten eine Mediation, an der jeweils eine Person stellvertretend für ihre Gruppe teilnimmt. Insgesamt sind sie vier Personen, die sich selbst folgend beschrieben: eine Student*in mit Behinderung (Person A), eine Student*in, die Muslima ist (Person B), eine Student*in, die non-binär ist und der LGBTQ+-Gruppe angehört (Person C) und ein*e Student*in, die Jüdin*Jude (Person D) ist. In einem Vorgespräch verdeutlichte die Mediator*in, dass es bei dieser Anzahl gut ist, zwei Mediator*innen hinzuzuziehen, welche die Mediation nach dem *Diskriminierungskritischen Mediationsverfahren* durchführen. In Absprache mit allen Beteiligten wurde dieser Vorschlag angenommen. Es fanden zwei Sitzungen statt, die im Folgenden verkürzt dargestellt werden.

1. Station: Vorbereitung der Mediator*innen

Die Mediator*innen trafen sich, um die Mediation vorzubereiten. Beide praktizierten seit Längerem das Diskriminierungskritische Mediationsverfahren; sie tauschten ihr Wissen über den Kontext aus: u. a. allgemein zu Diskriminierungsrealitäten in Bezug auf Ableismus, Antimuslimischen Rassismus, Homo- und Transmiseoismus, also Diskriminierung gegen LGBTQ+, und Antisemitismus und im Besonderen zur diesbezüglichen Situation an Hochschulen. Da beide Mediator*innen auch an Hochschulen arbeiten, hatten sie Wissen über Hochschulstrukturen. In der Vorbereitung vereinbarten sie, wie sie gemeinsam die Mediation moderieren werden (z. B. abwechselndes Sprechen, Übernahme einer Station). Sie bereiteten einen reflexiven Einstieg, „die Last im mitgebrachten Rucksack" (siehe Kapitel 2) vor.

2. Station: Einleitung – Referenzrahmen/Regeln

Wie in der Mediation „Diskriminierung gegen Transgender, Lesbe, Migrant*in" (siehe weiter oben) wurden den Konfliktparteien nach der Begrüßung und der Vorstellung der Mediator*innen die Besonderheiten, der Referenzrahmen des Mediationsverfahrens und die Haltung der Mediator*innen vermittelt, die sieben Stationen und die Rahmenbedingungen auf einer Flipchart visualisiert. Aufgrund dessen, dass die Konfliktparteien jeweils eine Gruppe vertraten und laut Aussagen der Konfliktparteien die Gruppengröße jeweils sehr unterschiedlich ist, wurde vereinbart, dass es in der Mediation um die Perspektiven der vier Anwesenden geht, damit kein Machtgefälle im Hinblick der hinter ihnen stehenden Gruppen entsteht. Angeboten wurde, dass, falls es zu einer Konfliktlösung kommt, die Konfliktparteien diese ihren Gruppen vermitteln, und es danach nochmals die Möglichkeit einer Mediation gibt. Die Konfliktparteien wurden ferner gebeten, Namensschilder aufzustellen und ihren Namen so aufzuschreiben, wie und mit welchem Pronom sie angesprochen werden möchten. Auch die Mediator*innen stellten Namensschilder auf.

(In der folgenden Beschreibung werden die Namen nicht genannt, sondern Person A, B, C, D als Person, also mit „sie" beschrieben.)

3. Station: Konflikterhellung (Darstellung/Sichtweisen, Interessen hinter den Positionen)

In dieser Station ging es um die jeweiligen Sichtweisen der Konfliktparteien. Als Einstieg baten die Mediator*innen die Konfliktparteien einen Rucksack zu tragen, der (von den Mediator*innen vorbereitet) schwere Gegenstände beinhaltete und darüber zu erzählen, wie sich diese Last, die sie jeweils im Hinblick auf ihre gewaltvollen Diskriminierungserfahrungen mitbringen, anfühlte. Nach den Erzählungen der Konfliktparteien, die intensiv ihre jeweilige Last beschrieben, wurden sie gebeten, die Rucksäcke zu tauschen und sich vorzustellen und zu beschreiben, wie sich die Last für die jeweils andere Person anfühlten könnte; auch dabei kam es zu intensiven Beschreibungen dessen, was sich die Konfliktparteien vorstellten.

Aufgrund der Anzahl wurden die Konfliktparteien danach gebeten, ihre Sichtweise auf einer Karteikarte in Stichworten festzuhalten, die danach aufgehängt und von den Konfliktparteien beschrieben wurden.

In dem darauffolgenden Gespräch wurde von den Konfliktparteien jeweils verdeutlicht, dass sie an der Hochschule Diskriminierung erfahren und den Raum je für sich, ohne Störung durch andere, als Schutz- und Ausruhraum benötigten. Würden sie durch andere Personen gestört, dann wären sie möglicherweise auch in diesem Raum wieder Diskriminierungspraxen ausgesetzt. Person A erzählt von ableistischen Praxen, die ihr begegnen, Person B berichtet von Antimuslimischem Rassismus, Person C von Diskriminierung als non-binäre Person und LGBTQ+ Feindlichkeit und Person D erzählte von antisemitischen Praxen, die sie an der Hochschule erfährt. Sie haben den jeweils anderen gegenüber kein Vertrauen und es ist für sie jeweils ausgeschlossen, den Raum teilen zu können. Der Konflikt bestand also darin, dass jede Person den Raum für sich und ihre Gruppe beanspruchten. Jeweils voneinander forderten die Konfliktparteien, ihnen den Raum zu überlassen.

Aufgrund der Nachfragen der Mediator*innen, welche Gefühle ihre Erfahrungen auslösen, kam bei allen Konfliktparteien heraus, dass sie verärgert, aber vor allem wütend sind, dass es kein Verständnis für sie gibt, dass sie allein gelassen werden mit ihren Erfahrungen, dass es den anderen gleichgültig ist. Weder Lehrende noch die Hochschulleitung haben Verständnis für ihre jeweilige Situation. Auf Nachfrage der Mediator*innen und das Einbringen des Themas Wut als Ausdruck über erlebte Diskriminierung, erzählten die Konfliktparteien, was die Wut mit ihnen macht, was sie mit ihrer Wut machen, und gleichzeitig, ihre jeweilige Verzweiflung, sie nicht richtig anbringen zu können. Person D erzählte in diesem Gespräch, dass sie am liebsten das Studium aufgeben würde, Person C beschrieb ihre Phantasien, wie sie in Seminaren laut schreien möchte, Person B bestätigte das und Person A formulierte, dass dies ja Alles nichts bringen würde. Im Gespräch bestätigten sich die Konfliktparteien jeweils, dass sie alle berechtigterweise Wut verspürten, und dass sie das voneinander gut verstehen können.

*(In dieser Station wie auch den weiteren Stationen verwendeten die Mediator*innen immer wieder Kommunikationstechniken wie Aktives Zuhören, Reframing und Paraphrase, um auf die Gefühlsebene hinter den Positionen zu kommen und ein gegenseitiges Verständnis der Konfliktparteien zu ermöglichen. Die Einstiegsreflexion „die Last im mitgebrachten Rucksack“ ermöglichte den Konfliktparteien, sich auf ihre Diskriminierungserfahrungen auf der Gefühlsebene zu konzentrieren und gleichzeitig, sich vorzustellen, welche Last die anderen Personen mit sich trugen. Die Mediator*innen können hier auch ihr Wissen über Wut als Ausdruck über erlebte Diskriminierung einbringen und so ein gemeinsames Gespräch darüber ermöglichen.)*

4. Station: Konflikte im historisch-gesellschaftlichen Kontext und Strukturelle Diskriminierung

In dieser Station ging es darum, die Diskriminierungskonflikte in einen historisch-gesellschaftlichen Kontext zu stellen. Die Mediator*innen baten die Konfliktparteien zugunsten eines gegenseitigen Verständnisses sich mehr von ihrem Alltag an der Hochschule zu erzählen. Aufgrund der Anzahl wurden die Konfliktparteien gebeten, ihre Sichtweise auf einer Karteikarte in Stichworten festzuhalten, die danach aufgehängt und von den Konfliktparteien beschrieben wurden. Im darauffolgenden Gespräch erzählten sich die Konfliktparteien konkret, was sie an der Hochschule erleben. Bei den einzelnen Beschreibungen fragten die Mediator*innen immer wieder nach, ermöglichten so ein gegenseitiges Zuhören und Nachfragen sowie ein mögliches Verständnis.

Person C möchte einen Schutzraum für sich. Sie ist an der Hochschule permanent in einer Umgebung, die stark heteronormativ ist. Das beginnt oft schon mit der Sprache, wo LGBTQ+ Personen nicht vorkommen und es ist sehr anstrengend immer wieder darauf hinzuweisen, dass es mehrere Geschlechter gibt. Manchmal ist sie mit Aussagen konfrontiert, die sehr diskriminierend sind, wo sie beispielsweise dazu aufgefordert wird, sich zu entscheiden, was sie ist; es wird ihr abgesprochen so zu sein, wie sie eben ist. Oft wird sie lächerlich gemacht und darauf aufmerksam gemacht, dass es eben Frauen und Männer gebe. Sie benötigt den Raum, um sich zurückziehen zu können, eine Verschnaufpause von diesen Zumutungen haben zu können, ohne mit solchen Praxen konfrontiert zu sein.

Person A verdeutlichte, dass sie den Raum als Schutzraum und als Raum zum Ausruhen benötigt. Für sie ist es sehr anstrengend an der Hochschule. Sie berichtete, dass allein der Weg hin zu Hochschule so anstrengend ist, es aber auch an der Hochschule so viele Barrieren gibt. Mit dem Rollstuhl ist es schwierig in die Seminarräume zu kommen, die Türen gehen schwer auf, manchmal sind die Seminarräume so voll, dass kaum Platz ist. Als an der Hochschule die Wege erneuert wurden, konnte sie diese kaum benützen, weil alles aufgebohrt wurde und es nur wackelige Bretter als Wege gab. Sie berichtete auch, dass sie von manchen Kommiliton*innen, aber auch von manchen Lehrenden ableistisch angesprochen wird.

Person D möchte einen Raum, in dem sie geschützt ist und indem sie mit anderen Vertrauten über ihre Erlebnisse sprechen kann. Sie erlebt immer wieder, dass in Seminaren, aber auch in einer Vorlesung antisemitische Stereotypen verwendet und Weltverschwörungsideologien erzählt werden und sich das mit der Corona-Pandemie verschärft hat. Sie traut sich nicht, ihren Davidstern zu tragen und findet das sehr beschämend; zumeist sagt sie nicht, dass sie Jüdin*Jude ist. Antisemitismus kommt als Thema in Seminaren kaum vor; über das Leben von Juden*Jüdinnen wird nicht gesprochen. Wenn sie sich traut, sich als Jude*Jüdin zu bezeichnen, wird sie oft für Israel verantwortlich gemacht und sie erzählt, dass es leider viele Personen an der Hochschule gibt, die die BDS gut finden.[44]

44 BDS bedeutet „Boykott, Desinvestitionen und Sanktionen gegen Israel", siehe Czollek (2017).

Person B möchten den Raum für sich als Gebetsraum, in dem sie ungestört ist. Für sie ist es ansonsten nicht möglich, in Ruhe zu beten. Sie erzählt, dass dies ihre Pflicht ist und es keinen Raum dafür gibt; sie macht das oft in irgendeiner Nische an der Hochschule, was für sie sehr entwürdigend ist und wo sie auch gestört, manchmal beschimpft wird. An der Hochschule ist sie auch mit Rassismus konfrontiert. Einmal, so erzählt sie, wurde sie aufgefordert, ihren Hidschāb (Kopftuch) abzunehmen, weil sie damit kein*e richtige Sozialarbeiter*in werden könne, was sehr entwürdigend war. Den Raum braucht sie, um mit anderen Muslimen in Ruhe beten zu können, ohne gestört zu werden.

Im Verlauf des Gespräches kam heraus, dass die Konfliktparteien von den Diskriminierungserfahrungen der jeweils anderen nicht viel gewusst hatten, sie aber jetzt besser verstehen könnten, warum sich auch die anderen Personen einen Raum wünschten. Person A formulierte, dass sie irgendwie im selben Boot säßen. Sie wüssten jetzt aber immer noch nicht, wie sie zu ihrem Raum kommen sollten.

*(In dieser Station mussten die Mediator*innen ihr Diskriminierungswissen nicht einbringen; die Konfliktparteien vermittelten sich gegenseitig selbst, was sie an der Hochschule erleben. Die Visualisierung der Diskriminierungsmatrix war nicht notwendig, weil die Konfliktparteien ein gegenseitiges Verständnis entwickelten. Mit den Kommunikationstechniken versuchten die Mediator*innen, dass den Konfliktparteien ein Perspektivenwechsel, eine Perspektivenvielfalt und eine Perspektivenverschiebung dahingehend möglich wurde, dass sie jeweils die Diskriminierungserfahrungen der anderen wahrnehmen konnten.)*

5. Station: Strukturelle Eingebundenheit des jeweiligen Konfliktes

In dieser Station vermittelten die Mediator*innen, dass durch die Erzählungen der Konfliktparteien bisher deutlich wurde, dass verschiedene Bereiche in den Konflikt hineinspielen: der Alltag an der Hochschule, wo die Konfliktparteien Diskriminierung erfahren, der Weg dorthin, die Gesellschaft, in der die erlebten Diskriminierungsformen verankert sind. Sie baten die Konfliktparteien, gemeinsam eine Strukturanalyse der Hochschule in Bezug auf den Konflikt zu machen. Gefragt wurde danach, wo und wie der Konflikt in Bezug auf drei Ebenen, die erklärt wurden, strukturell eingebettet ist:

- Individuelle Ebene: Welche Personen außer sie selbst und ihre jeweiligen Gruppen sind am Konflikt wie beteiligt?
- Institutionelle Ebene: Welche Personen und welche Verordnungen etc. spielen bei dem Konflikt eine Rolle?
- Kulturelle Ebene: Welche gesellschaftlichen Werte, Normen, Vorstellungen spielen bei dem Konflikt eine Rolle?

Die Konfliktparteien ordneten den Konflikt strukturell ein und visualisierten selbst ihre Analyse. In einem recht lebendigen Gespräch miteinander wurden auf der individuellen Ebene beispielsweise die Kanzler*in und die Hochschulleitung als Personen genannt, die zuständig für die Raumverteilung sind. Gleichzeitig verdeutlichten sie sich gegenseitig, dass diese ja auch die Hochschule vertreten, also auch auf der institutionellen Ebene angesiedelt werden müssen. Zudem nannten sie das Ministerium, das für Hochschulbudget zuständig ist, im Kontext dessen auch Räumlichkeiten bemessen werden. In der Verbindung der individuellen und institutionellen Ebene erwähnten die Konfliktparteien auch die studentischen Räumlichkeiten und überlegten, wer diese wie und für wen zugänglich machte, ob StuRa (Studierendenrat) und AStA (Allgemeine Studierendenausschuss) dafür zuständig seien. Besprochen wurde im Zuge dessen die Idee, ob es dort nicht auch Räume für sie geben könnte. Ein Einfall war auch, dass manchmal Seminarräume leer sind und möglicherweise während dieser Zeit genutzt werden könnten.

Das Gespräch endete damit, dass sich die Konfliktparteien mehrere Räume wünschten und sich genauer kundig machen wollten, wie das umsetzbar wäre.

*(In dieser Station können die Mediator*innen ihr Wissen über die Struktur einer Hochschule einbringen, wenn sie den Konfliktparteien nicht bekannt sind.)*

6. Station: Perspektivenverschiebung – Verbündet-Sein und systemische Eröffnung des Konfliktraumes hin zur Gesellschaft

Anknüpfend an das Gespräch und die strukturelle Einordnung des Konfliktes, in der die Konfliktparteien miteinander arbeiteten und viele Ideen einbrachten, regten die Mediator*innen an, gemeinsam zu überlegen, wie sie Verbündete sein könnten, um ihr Anliegen anzugehen, und ob ihnen noch andere Verbündete für ihr Anliegen einfielen. Dabei regten die Mediator*innen an, sowohl die Frage des Raumes bzw. mehrere Räume als auch die Diskriminierungen, welche die Konfliktparteien an der Hochschule erlebten, im Blick zu haben.

Im Gespräch kam heraus, dass Person A und Person C gute Kontakte zur StuRa und AStA hatten und diese nutzen wollten. Sie waren sich zudem gewiss, dass die meisten ihrer jeweiligen Gruppe hinter ihnen stehen würden. Alle brachten ein, dass ihnen auch einige andere Kommiliton*innen einfallen, die sie aus Seminaren kannten. Person D und Person C fielen noch zwei Dozent*innen ein, die wahrscheinlich auf ihrer Seite stehen könnten. Sie wollten mit den jeweiligen Personen sprechen.

Die Mediator*innen regten nochmals an, zu überlegen, ob es an der Hochschule Antidiskriminierungsmaßnahmen gab und ob die Konfliktparteien auch hier ihr Anliegen anbringen könnten. Person A erzählte von der Inklusionsbeauftragen, Person C vom studentischen Queer-Referat, Person D erzählte, dass es seit kurzer Zeit eine*n Antidiskriminierungsbeauftragte*n gebe. Die Konfliktparteien waren sich einig darüber, dass aber an ihrer Hochschule nicht viel zu bemerken ist, was Antidiskriminierungsmaßnahmen anbelangt. Sie wollten sich hier nochmals genauer erkundigen.

*(Das Einbringen eines möglichen Verbündet-Seins kann durch die Mediator*innen erfolgen, wenn die Konfliktparteien es nicht von sich aus ansprechen. Die systemische Eröffnung des Konfliktraumes hin zur Gesellschaft betraf in dieser Mediation die Hochschule als Ort, an dem die Konfliktparteien Diskriminierung erlebten.)*

7. Station: Konfliktlösung und Vereinbarung

In dieser Station fragten die Mediator*innen nach konkreten Lösungsvorschlägen, ausgehend von dem bereits Gesagten, und regten an, dass es bei der Konfliktlösung und Vereinbarung um eine *Win-Win-Lösung* geht, die über ein *Entweder-Oder* und ein *Sowohl-Als-Auch* hinausgehen kann. Anknüpfend an die von den Konfliktparteien besprochene Strukturanalyse baten die Mediator*innen Konfliktlösungen in dieser Weise zu konkretisieren.

Die Konfliktparteien waren sich allerdings darin einig, dass diese Vorgehensweise nicht notwendig ist. Einig waren sie sich auch darin, dass es jetzt zuallererst darum gehen muss, mehrere fixe Räume zu finden, in denen sie sich jeweils aufhalten können. Wenn das nicht funktionieren sollte, dann wollten sie Räume finden, in denen sie alternierend ihre Bedarfe realisieren können.

Person A und Person C wollen Kontakt zur StuRa und AStA aufnehmen, um herauszufinden, ob es Räume gibt, die sie nutzen können. Person D und Person C wollen mit den zwei Dozent*innen sprechen, um sie bei einem Gespräch mit der Hochschulleitung, Kanzler*in und Dekan*in zu unterstützen. Person A will mit der Inklusionsbeauftragen, Person C mit dem studentischen Queer-Referat und Person D mit der Antidiskriminierungsbeauftragten reden. Zudem vereinbarten die Konfliktparteien, dass sie sich nochmals außerhalb der Mediation zusammensetzen wollen, um über Antidiskriminierungsmaßnahmen an der Hochschule zu reden.

*(Die Vereinbarungen wurden festgehalten und nochmals von den Mediator*innen zusammengefasst. Die Konfliktparteien bestätigten sich darin, dass sie mit ihren jeweiligen Gruppen reden und dann nochmals die Vereinbarungen überprüfen möchten. Letztlich kam es noch zu einem Termin, indem die Konfliktparteien die Vereinbarungen unterschrieben. Die Rückmeldung, welche die Konfliktparteien von sich aus den Mediator*innen nach einiger Zeit übermittelten, verdeutlichten, dass es keine vier Räume gab, die fix waren, sie aber Möglichkeiten gefunden haben, mehrere Räume alternierend nutzen zu können. Zudem haben sie sich entschlossen, in manchen Situationen gemeinsam gegen Diskriminierung zu agieren.)*

Reflexion der durchgeführten Mediation

Die Konfliktparteien schienen zunächst einen Konflikt miteinander zu haben. Im Zuge der Mediation erarbeiteten sie jedoch, dass es ein strukturell verankerter Konflikt war, der an mangelnden Räumlichkeiten lag, um ihre Bedarfe realisieren zu können. Zugleich wurde deutlich, dass er von Diskriminierungserfahrungen getragen war, die die Konfliktparteien an der Hochschule erlebten. Die Fokussierung u. a. auf die strukturelle Eingebundenheit des Konfliktes verweist letztlich auf Diskriminierungsrealitäten auch an Hochschulen, der mit folgender Aufforderung begegnet werden muss: „Ziel von Antidiskriminierungsarbeit an Hochschulen sollte es sein, ein Klima zu schaffen, in dem Diskriminierungserfahrungen offen angesprochen werden können, sie ernst genommen werden und adäquate Maßnahmen bestehen, um Abhilfe zu schaffen" (Antidiskriminierungsstelle des Bundes 2020).

Anmerkung: Die Mediation fand vor dem 7. Oktober 2023 statt, vor dem Massaker der Terrororganisation Hamas und der danach erfolgten militärischen Reaktion des Staates Israel im Gazastreifen. Aufgrund der massiven und gewaltvollen Anti-Israel-Aktionen und antisemitischen Reaktion an deutschen Universitäten und Hochschulen, würde heute ein Gelingen der Mediation davon abhängen, ob und wie sich die beteiligten Konfliktparteien dazu verhalten.

4.4 Konfliktbearbeitung: Scheitern lassen als sinnvolle Maßnahme

Mediation ist kein Allheilmittel. Nicht immer kommen Konfliktparteien durch eine mediatorische Unterstützung zu einer Konfliktlösung. Nicht immer sind unterstützende Maßnahmen (direkte oder prophylaktische) zugunsten einer Konfliktlösung in der Weise erfolgreich als ein sozialarbeiterisches Team oder eine Weiterbildungsgruppe wieder arbeitsfähig sind. Gerade bei Diskriminierungskonflikten können die Fronten so verhärtet sein, dass keine Angebote greifen und ein Scheitern lassen sinnvoll ist.

Im *Diskriminierungskritischen Mediationsverfahren* kann es zum Scheitern der Mediation kommen. Einerseits durch die Konfliktparteien, die sich freiwillig für eine Mediation entscheiden und auch dafür entscheiden können, die Mediation zu beenden, obwohl es nicht zu einer Konfliktlösung gekommen ist. Andererseits kann die Mediator*in die Mediation abbrechen, wenn es beispielsweise zur direkten Diskriminierungspraxen in der Mediation kommt und sie die Neutralität und Allparteilichkeit aufgeben muss (siehe dazu Kapitel 2.1) oder wenn deutlich wird, dass die Konfliktparteien in einer Absolutheit keine anderen Perspektiven zulassen als die je eigenen. Auch in Bezug auf Konfliktbearbeitungen durch Erwachsenenausbildner*innen oder Sozialarbeiter*innen, die Elemente jener Mediation oder die weiter oben beschriebenen Maßnahmen (siehe Kapitel 4) heranziehen, können sich die am Konflikt Beteiligten jederzeit für eine Beendigung des Versuches den Konflikt zu lösen entscheiden. Genauso können Ausbildner*innen beschließen, dass die Möglichkeiten für eine konstruktive Konfliktlösung erschöpft sind und die Konfliktbearbeitung scheitern lassen.

Ein Beispiel aus der Erwachsenweiterbildung „Social Justice und Diversity“ soll veranschaulichen, dass ein Scheitern lassen auch eine sinnvolle Maßnahme sein kann. Auch hier wird der Diskriminierungskonflikt – aus der Perspektive der Ausbildner*in beschrieben und analysiert – entfremdet, sodass es keine Rückschlüsse auf einzelne Personen gegeben kann.

Fallskizze: Diskriminierungskonflikt „Konkurrenz zwischen diskriminierten Personen“

In der Weiterbildung „Social Justice und Diversity“ geht es in neun Modulen (siehe Anhang) um die Reflexion von Struktureller Diskriminierung (historische und gegenwärtige Dimensionen), die eigene Verstricktheiten, verschiedene Diskriminierungsformen sowie deren Systemische Intersektionalitäten und schließlich um Handlungsoptionen gegen Diskriminierungsformen (siehe Kapitel 4). Verdeutlicht wurde auch in diesem Weiterbildungskurs von Anbeginn, dass es nicht um die Bearbeitung einzelner Diskriminierungserfahrungen von Teilnehmer*innen geht. Wie bei allen Weiterbildungen wurden zu Beginn gemeinsam mit den Teilnehmer*innen Kommunikationsunterstützungen als Arbeitsbündnis erarbeitet und vereinbart, die Mahloquet als dialogische Gesprächsform und ethisch-politische Haltung vermittelt und wiederholend geübt (siehe Kapitel 2).

Im Verlauf der Weiterbildung entzündete sich ein heftiger Konflikt zwischen einigen Teilnehmer*innen in mehrfacher Hinsicht: Einige Teilnehmer*innen bezeichneten alle anderen als „weiß“; sie selbst verstanden sich als PoC (People of Color), die Rassismus erlebten. Ein*e Teilnehmer*in, die in ihrem Leben klassistische Erfahrungen ausgesetzt war, sah sich durch eine*n PoC nicht wahrgenommen, zumal diese*r eine klassistische Äußerung von sich gab. Diese*r wiederum sah sich in Bezug auf rassistische Erfahrungen nicht wahrgenommen. Ein*e andere Teilnehmer*in formulierte, dass sie „als Mensch und nicht nur als Weiße“ wahrgenommen werden möchte. Diese Äußerung wiederum wurde als rassistisches Narrativ bezeichnet und dahingehend aufgefasst, dass sie sich nicht mit Rassismus auseinandersetzen will. Gleichzeitig wurde der Vorwurf gegen eine*n Teilnehmer*in erhoben, in den Äußerungen klassistisch und in Gesten sexistisch zu sein. Dies wurde wiederum mit dem Hinweis verneint, wer Rassismus erfährt, kann nicht klassistisch oder sexistisch sein. Insgesamt standen Vorwürfe im Raum, die jeweils aus der eigenen Perspektive in Bezug auf Diskriminierungserfahrungen von Teilnehmer*innen formuliert wurden. Gleichzeitig wurde eingefordert, Rassismus ins Zentrum der Auseinandersetzung mit allen Diskriminierungsformen anzusetzen.

Maßnahmen der Ausbildner*innen

Aus der Perspektive der Ausbildner*innen waren Irritationen unter den Teilnehmer*innen von Anbeginn bemerkbar und Interventionen kontinuierlich notwendig, mit denen ad hoc, aber auch geplant in Form von Maßnahmen auf die konfliktuale Situation eingegangen wurde. Die Positionierung der Ausbildner*innen erfolgte gemäß dem Konzept „Social Justice und Diversity", keine Hierarchisierung von Diskriminierungsformen vorzunehmen, sondern allen Diskriminierungsformen die gleiche Wichtigkeit zu geben und Empathie für alle Menschen zu haben, die von Diskriminierung getroffen sind. Mit dieser Prämisse wurden Maßnahmen ergriffen, die nicht nur eine der Konfliktparteien, sondern alle Teilnehmer*innen im Blick hatte. Im Zentrum stand die Intention, einen Lernraum für alle Teilnehmer*innen zu halten, um sich gemeinsam mit allen Diskriminierungsformen im Hinblick auf Strukturelle Diskriminierung auseinandersetzen zu können.

So wurde beispielsweise auf den Begriff „weiß" eingegangen und die Wichtigkeit verdeutlicht, sich themenbezogen und kritisch mit Whiteness auseinanderzusetzen, d. h. eigene Verwobenheiten zu reflektieren etc., um schließlich Handlungsoptionen gegen strukturell verankerten Rassismus auszuloten.[45] Gleichzeitig wurde immer wieder betont und wiederholt im Raum visualisiert, dass es einen absoluten Safe Space nicht geben kann und dass Orte / Institutionen etc. in Deutschland immer ableistisch, antisemitisch, klassistisch, rassistisch, sexistisch u. a. strukturiert sind, es aber in der Weiterbildung nicht um gegen-

45 Verdeutlicht wurde Whiteness (weiß) als:
-Politische Kategorie, die sich als Norm- und Herrschaftsprinzip etabliert hat und die für Macht- und Herrschaftsstrukturen sowie Normierungsstrukturen steht, welche geschichtlich tief verankert (Kolonialismus / Koloniale Macht) und gegenwärtig präsent (Postkolonialismus) sind.
-Soziale Kategorie, über die Privilegien und Privilegiertheit bestimmt sind, die bestimmte Menschen qua Statusebenen (z. B. Berufe), Machtpositionen (z. B. Entscheidungsbefugnisse) haben können.
-Kulturell-gesellschaftliche Kategorie, über die gesellschaftliche Normen verankert sind (Dominanzkultur) und ein Negieren anderer Normen stattfindet.
-Verankerung einer strukturellen Dimension von Rassismus.

seitige Fremdzuschreibungen geht, keine Sprech- und Handlungsverbote erteilt werden, keine Moralisierungen stattfinden und keine hierarchischen Bewertungen von Diskriminierungsformen vorgenommen werden. Übungen wie u. a. „Umgang im Lernraum Social Justice und Diversity mit ‚Ich lese Dich'", „Umgang mit diskriminierenden Momenten", „Lernraum Social Justice und Diversity und Konflikte" wurden mit den Teilnehmer*innen durchgeführt und gemeinsam mögliche Maßnahmen mit der Methode „Gemeinsame Sorge für den Lernraum mit diskriminierenden Momenten" erarbeitet. Rassistische und klassistische Narrative wurden mit der Weiterbildungsgruppe besprochen, eingeordnet und erklärt. Sexistische Gesten und Äußerungen sowie ihre möglichen Auswirkungen wurden in Bezug auf toxische Männlichkeit aufgegriffen und besprochen. Gleichzeitig wurde auf die Bedeutung der Deutungsmacht eingegangen und vermittelt, inwiefern eine Enthierarchisierung von Diskriminierungsformen wesentlich ist. Hierbei wurden Methoden zur Diskriminierungsmatrix, Systemischen Intersektionalität und Bedrohungsszenarien herangezogen, denen von Diskriminierung getroffene Menschen ausgesetzt sind, ungeachtet dessen, um welche Diskriminierungsform es sich handelt (siehe Kapitel 2). In vielen Einzel-, Zweier- und Dreiergesprächen außerhalb des Lernraumes wurden einzelne Äußerungen von Teilnehmer*innen, die jene Narrative reproduzierten, von den Ausbildner*innen wiederholt aufgegriffen und erklärt. Die intensiven Versuche von Seiten der Ausbildner*innen, die sich bis zur Mitte der Weiterbildung zogen, waren der Intention geschuldet, dass der Lernraum für alle Teilnehmer*innen gehalten wird, die Konfliktparteien ihre jeweiligen Perspektiven wahrnehmen können und sich dadurch wieder dem Thema der Weiterbildung zuwenden können.

Die Fronten verhärteten sich trotz aller Interventionen. Eine Anzahl der Teilnehmer*innen waren emotional und körperlich derart angeschlagen, andere Teilnehmer*innen wütend, sodass es ihnen schier unmöglich war, sich im gleichen Raum aufzuhalten. Konflikttechnisch gesehen befanden sich die Konfliktparteien in einer Eskalationsstufe, in der die Verantwortung der Ausbildner*innen für alle Teilnehmer*innen nur mehr darin bestehen konnte, die Gruppe so zu trennen, dass sich die Konfliktparteien nicht mehr begegnen. Es kam zu einem Scheitern lassen vonseiten der Ausbilnder*innen: Die Weiterbildungsgruppe wurde ab Mitte der Weiterbildung getrennt, die Konfliktparteien in jeweils eine andere Gruppe eingeteilt, die nicht am Konflikt beteiligten Teilnehmer*innen konnten sich entscheiden, in welche Gruppe sie gehen wollen. Die Weiterbildung wurde in dieser Form zu Ende geführt. Den Konfliktparteien wurde vermittelt, dass möglicherweise eine Mediation als Konfliktlösungsversuch greifen könnte, die jedoch nicht innerhalb der Weiterbildung angeboten werden kann, für die sie sich also selbst entscheiden und die sie selbst organisieren müssten. Zu einer Mediation kam es nicht.

Resümee

Scheitern wird zumeist als etwas Negatives aufgefasst: Ein Misserfolg, in dem das angestrebte Ziel nicht erreicht wurde; ein Versagen, in dem sowohl die Konfliktparteien als auch die Mediator*in oder die Erwachsenenweiterbildner*in etwas nicht geschafft haben. Doch kann dem Scheitern und insbesondere Scheitern lassen auch etwas abgewonnen werden. Für Erwachsenenausbildner*innen sind immer alle Teilnehmer*innen im Blick, die gleichermaßen wichtig sind. Im Kontext von „Social Justice und Diversity" Weiterbildungen gilt es den Lernraum für alle Teilnehmer*innen zu halten, um respektvoll und wertschätzend miteinander im Modus der Methode Mahloquet und im Kontext der Maxime und der Prämissen dieses Konzeptes themenbezogen zu arbeiten. Dabei gilt es, alle Diskriminierungsformen und Diskriminierungserfahrungen ernst zu nehmen, Diskriminierungsformen nicht zu hierarchisieren, solidarisch und Verbündete zu sein und den Blick auf Strukturelle Diskriminierung zu richten. Zwar steht die Haltung, dass Störungen den Vorrang haben (Cohn 1975) nicht im Zentrum,[46] doch wenn es zu eklatanten Konflikten, im beschriebenen Fall Diskriminierungskonflikten, kommt, müssen Ausbildner*innen intervenieren und Maßnahmen ergreifen. Dabei gibt es kein Rezept, das immer ein Gelingen garantiert. Insofern besteht eine gute Konfliktlösung auch darin, Weiterbildungsgruppen zu trennen, wodurch alle Teilnehmer*innen geschützt werden. Hätten die Ausbildner*innen keine Trennung vorgenommen, wäre erstens der Konflikt zwischen den Konfliktparteien noch mehr eskaliert, und die möglichen negativen Auswirkungen auf die einzelnen nicht mehr zu verantworten gewesen, zweitens die nicht am Konflikt beteiligten Teilnehmer*innen unbeachtet geblieben, drittens die Weiterbildung thematisch nicht mehr durchführbar gewesen. Wie immer, wenn es zu extremen konfliktualen Situationen in einer Weiterbildung kommt, werden im Ausbildungsteam mögliche Maßnahmen besprochen, neue Herangehensweisen diskutiert, neue Methoden entwickelt, die künftig darauf reagieren. So etwa die Methode „Braver Space und Awareness-Team im Lernraum Social Justice und Diversity" (siehe Kapitel 4), die zusätzlich zu den bereits etablierten Methoden, angewendet werden. Die Perspektive der Ausbildner*in fokussiert dabei ein Lernen aus einer konfliktualen Situation und ein Weiterentwickeln von Methoden, ohne dabei den Fokus der angebotenen Weiterbildung aus dem Blick zu verlieren.

46 Dieses Postulat wurde im Kontext der Themenzentrierten Interaktion (TZI) formuliert: „Das Postulat, dass Störungen und leidenschaftliche Gefühle den Vorrang haben, bedeutet, dass wir die Wirklichkeit des Menschen anerkennen; und diese enthält die Tatsache, dass unsere lebendigen, gefühlsbewegten Körper und Seelen Träger unserer Gedanken und Handlungen sind." (Cohn 1975: S. 122)

Für die Teilnehmer*innen dieses Weiterbildungskurses war es ein Scheitern. So konnte keine der Konfliktparteien ihren Willen durchsetzen, niemand hat gewonnen, eine Win-Win-Lösung war nicht möglich. Den Konfliktparteien wurde der jeweilige „Gegner“ entzogen. Die Weiterbildung wurde nicht beendet. Inwieweit die Teilnehmer*innen aus der beschriebenen Situation, den Bemühungen damit konstruktiv umzugehen und schließlich der Konfliktlösung durch eine Trennung, etwas lernen konnten, kann nur spekuliert werden. In pädagogischen Kontexten wird Scheitern auch als Möglichkeit besprochen, aus den eigenen Fehlern zu lernen und sich weiterzuentwickeln, mehr Mitgefühl zu entwickelt und dadurch empathischer zu werden oder zu lernen, Verantwortung zu übernehmen. Existenzphilosophisch wurde das Scheitern von Jaspers (1973) als Grenzsituation aufgefasst, also als Ausdruck einer existentiellen Situation, die zur Existenzerhellung führen kann und auf das jeweilige Selbstsein als den eigentlichen Ursprung der Freiheit verweist. Scheitern als eine Möglichkeit, sich selbst zu erkennen und zu verstehen, wird in dem Maße interessant, in dem es als krisenhaftes Moment Möglichkeiten der Transformation, der Veränderung birgt und als Ausdruck menschlicher Freiheit und Autonomie dazu führen kann, sich von eigenen Vorstellungen zu befreien, alte Gewohnheiten und Denkmuster zu verlassen. Diese Aspekte können zwar bei Teilnehmer*innen eintreten, sind aber ohne Rückmeldung nicht verifizierbar. Sie führen aber dann zu anderen Möglichkeiten, wenn ein grundlegendes In-Verantwortung-Nehmen einbezogen würde, wie es mit Lévinas formulierbar ist: „Das Sein des *Daseins* bedeutete: man hat zu sein. In der Verantwortung für den Anderen ist mein Sein selbst zu rechtfertigen: heißt Dasein nicht immer schon einem Anderen den Platz nehmen? Das Da sein des Daseins ist bereits ein ethisches Problem“ (Lévinas 1991: 47). Zentral ist dabei, sich von Identitätspolitiken zu verabschieden, die sich selbst ins Zentrum setzen und die Diskriminierungserfahrungen der jeweils anderen Personen nicht wahrnehmen und die Bereitschaft, sich von anderen Menschen in ihrer individuellen Besonderheit berühren zu lassen.

Lévinas stellt die Anderen ins Zentrum, die nicht so sind, wie Ich bin. In diesem Zusammenhang erweitert er ein dialogisches Miteinander um ein weiteres Moment und formuliert: „Die heteronome Erfahrung, die wir suchen, wäre eine Haltung, die sich nicht in kategoriale Bestimmungen konvertieren kann und deren Bewegung zum Anderen hin sich nicht in der Identifikation wiedergewinnt, eine Bewegung, die nicht zu ihrem Ausgangspunkt zurückkehrt“ (Lévinas 1999: 215).

5. Fazit und Ausblick

Diskriminierungsrealitäten sind keineswegs die einzigen Realitäten, die uns im Kontext von Konflikten beschäftigen. Doch werden Konflikte zunehmend auch als Diskriminierungskonflikte ausgetragen, die Sozialarbeiter*innen, Erwachsenen(weiter)bildner*innen und Mediator*innen in ihrer jeweiligen Funktion und Verantwortung beschäftigen. Ihre Lösungsmöglichkeiten setzt voraus, dass es einen Willen und eine Bereitschaft der Konfliktparteien zur Konfliktlösung gibt. Analog zum Dialog, der nur möglich ist, wenn Gesprächspartner*innen dialogbereit sind, sich also gegen die bloße Überzeugungsrede auf ein Gespräch einlassen, das bei den Gesprächspartner*innen transformativen Charakter haben kann, können Diskriminierungskonflikte nur dann konstruktiv gelöst werden, wenn sich keine festgezurrten Ideologien und daraus gespeisten Verhaltensweisen und Äußerungen gegenüberstehen.

Es wird also nicht möglich sein, beispielsweise einen verfestigten Antisemitismus[47], der sich derzeit in heftiger Form verbal, aber auch handelnd in verschiedenen gesellschaftlichen Bereichen, auf den Straßen, Universitäten, Schulen etc. zeigt, mediatorisch zu bearbeiten. Wer Antisemitismus als Hass gegen Juden*Jüdinnen verinnerlicht hat, wird kein Konfliktgespräch mit Personen eingehen, die davon getroffen sind und/oder die nicht selbst davon getroffen sind, aber sich dennoch gegen Antisemitismus einsetzen. Genauso verhält es sich mit allen anderen Diskriminierungsformen wie Antisemitismus, Klassismus, Rassismus [u. a. Anti-Schwarzer Rassismus, Anti-Muslimischer Rassismus, Anti-Slawischer Rassismus, Anti-Asiatischer], Antiromaismus / Antisintiismus [bzw. Rassismus gegen Roma / Sinti / / Rom*nja / Sinti*zze], Migratismus, Ableismus, Ageismus, Adultismus, Sexismus, Homo- und Transmiseoismus. Wer sie bewusst bejaht und praktiziert, hat längst schon die Dimensionen eines Konfliktes verlassen, um in einem menschenverachtenden Zustand zu verharren und/oder zu agieren. Keine diskriminierungskritische Mediator*in würde den Gedanken hegen, Mediation sei hier eine Möglichkeit der Konfliktlösung oder gar Haltungsveränderung. Keine Erwachsenen(weiter)bildner*in würde hierbei Anstrengungen unternehmen, Maßnahmen zur Konfliktlösung zu ergreifen, sondern würde die Beteiligung von Personen mit beabsichtigter und bewusster

47 Hier sind alle Formen von Antisemitismus gemeint, wie rechter, linker, queer-feministischer, christlicher, muslimischer Antisemitismus und Israel bezogener Antisemitismus, der sich in allen gesellschaftlichen Klassen zeigt. Das bedeutet gleichzeitig nicht, dass alle Christen, Linke, Queer-Feministinnen, Muslime antisemitisch sind.

Diskriminierungsbejahung und -praktizierung an der Weiterbildung beenden. Auch in einem sozialarbeiterischen Team wären hier die Grenzen eindeutig, wobei in diesen Kontexten der Umgang damit von Möglichkeiten einer Abmahnung oder einer Kündigung abhängt. Konfliktlösungsmöglichkeiten sind nur dann gegeben, wenn keine festgezurrten Ideologien und daraus hervorgehenden, beabsichtigten Diskriminierungspraxen dagegenstehen.

Neben dem Willen und einer Bereitschaft zur Konfliktlösung vonseiten der beteiligten Konfliktparteien, setzt, wie in dem Buch beschrieben, eine Mediation bei Diskriminierungskonflikten eine spezifische Haltung, ein Diskriminierungswissen und Wissen um strukturelle Gegebenheiten sowie ein umfängliches Können der Mediator*in voraus. Damit verbunden sind Prämissen der Mediation wie Allparteilichkeit und Neutralität sowie ein Wissen über deren Grenzen. Sind diese explizit nicht gegeben, geht es nicht um das Aufgeben jener Prämissen, sondern um die Beendigung der Mediation. Es geht also nicht darum, dass die Rolle und Aufgabe der Mediator*in hin zu einer Antidiskriminierungsberater*in etwa verschoben würden, sondern um die explizite Verantwortungsübernahme im Kontext jener Prämissen.

Mit dem Buch *Diskriminierungskritische Mediation und Konfliktbearbeitung* wurden theoretische Grundlagen zum Thema Konflikte, Diskriminierung und Machtdynamiken, die grundlegenden Prämissen der Mediation und das *Diskriminierungskritische Mediationsverfahren nach Czollek/Perko* beschrieben. Beispiele des Gelingens in Kontexten der Sozialen Arbeit und dem Erwachsenen(weiter)bildungsbereich verdeutlichten die Möglichkeit, Diskriminierungskonflikte, die sehr unterschiedlicher Art sein können, mit diesem Verfahren oder Elemente dieses Verfahrens zu lösen. Prophylaktische Maßnahmen, die insbesondere in Gruppenarbeit greifen können, docken daran an, sind aber eigene mögliche Maßnahmen, die sich auf aktuelle Diskurse beziehen. Die Garantie eines Gelingens ist nie gegeben. Doch kann ein Scheitern, wie veranschaulicht, auch eine sinnvolle Maßnahme sein.

In einer Zeit zunehmender Empathielosigkeit füreinander, die sich in verschiedensten Lebens- und Arbeitsbereichen und auch in sozialarbeiterischen Teams und im Erwachsenen(weiter)bildungsbereich zeigt, gilt es, Empathiefähigkeit und Ambiguitätstoleranz mit einer wohlwollenden und anerkennenden Haltung zu ermöglichen. Die Beteiligten müssen nicht Freundschaften schließen, sie müssen sich nicht lieben. Sie müssen aber, wollen sie eine Weiterbildung absolvieren und/oder im Team bleiben, gemeinsam lern- und arbeitsfähig sein.

In Bezug auf Diskriminierungskonflikte, in denen es in diesen Bereichen häufig um die je eigene Diskriminierungserfahrung geht, die als die „einzig furchtbare" aufgefasst wird, gilt es, mit Konflikten umgehen zu können. Im Sinne der beschriebenen Machloket bzw. Mahloquet kann hierbei grundsätzlich Folgendes hilfreich sein:

Vier Ratschläge: Umgang mit Konflikten

Der erst Rat, mit einem Konflikt konstruktiv umzugehen:
Diskutiere, ohne Menschen zu attackieren und Beziehungen zu zerstören.
Der zweite Rat, mit einem Konflikt konstruktiv umzugehen:
Überprüfe Deine Motivation. Versuchst Du zu gewinnen oder Probleme zu lösen?
Der dritte Rat, mit einem Konflikt konstruktiv umzugehen:
Höre der anderen Seite zu und sei bereit, Deine Perspektive gegebenenfalls zu korrigieren.
Der vierte Rat, mit einem Konflikt konstruktiv umzugehen:
Ziehe in Erwägung, dass beide Seiten recht haben könnten, auch wenn sie unterschiedliche Perspektiven vertreten.

Arbeitsblatt aus der Erwachsenenweiterbildung „Social Justice und Diversity" (2023)

Das gilt auch für Diskriminierungskonflikte; immer mit Blick auf den Referenzrahmen wie Gewaltfreiheit, Menschenrechte und Menschenwürde und dem Fakt, dass die bewusste Bejahung von Diskriminierung keine Perspektive ist.

6. Literatur und Materialien

Adams, Maurianne, Bell, Lee Anne / Griffin, Pat (Hrsg., 1997): Teaching for Diversity and Social Justice. A Sourcebook. New York / London: Routledge.

Aikins, Muna AnNisa / Bremberger, Teresa / Aikins, Joshua Kwesi / Gyamerah, Daniel / Yıldırım-Caliman, Deniz (2021): Afrozensus 2020. Perspektiven, Anti-Schwarze Rassismuserfahrungen und Engagement Schwarzer, afrikanischer und afrodiasporischer Menschen in Deutschland. Berlin. Online unter: www.afrozensus.de [letzter Zugriff: 16.12.2023].

Antidiskriminierungsstelle des Bundes (Hrsg., 2020): Bausteine für einen systematischen Diskriminierungsschutz an Hochschulen. Berlin. Online unter: https://www.antidiskriminierungsstelle.de/SharedDocs/downloads/DE/publikationen/Expertisen/bausteine_f_e_systematischen_diskrimschutz_an_hochschulen.html [letzter Zugriff: 16.12.2023].

Arendt, Hannah (1989): Gedanken zu Lessing – Von der Menschlichkeit in finsteren Zeiten. In: Hannah Arendt, Menschen in finsteren Zeiten. München: Piper.

Arendt, Hannah (1979): Vom Leben des Geistes. Das Denken. München: Piper.

Aristoteles (2018): Das Organon – oder die Kunst der Logik als Werkzeug der Wissenschaft. Henricus.

Aristoteles (1970): Metaphysik. Stuttgart: Reclam.

Aristoteles (1969): Nikomachische Ethik. Stuttgart: Reclam.

Becker, Nicole / Pinto, Caterina (1012): Zum Umgang mit Gender und Diversity. In: perspektive mediation, 2/2012: S. 77 ff.

Besemer, Christoph (1999): Mediation. Vermittlung in Konflikten. Baden: Stiftung gewaltfreies Leben, Werkstatt für gewaltfreie Aktion Baden.

Berhe, Betiel (2023): Nie mehr leise. Die neue migrantische Mittelschicht. Berlin: aufbau.

Bush, Robert A. Baruch / Folger, Joseph P. (2005): The promise of mediation. The transformative approach to conflict. San Francisco / Calif.: Jossey-Bass.

Bush, Robert A. Baruch / Folger, Joseph P. (1994): The Promise of Mediation. Responding to Conflict through Empowerment and Recognition. San Francisco: John Wiley & Sons.

Bourdieu, Pierre (1996): Die Logik der Felder. In: Pierre Bourdieu / Loïc Wacquant, Reflexive Anthropologie. Frankfurt / Main: Suhrkamp, S. 124–147.

Bourdieu, Pierre (1992): Homo Academicus. Frankfurt / Main: Suhrkamp.

Bourdieu, Pierre (1987): Die feinen Unterschiede. Kritik der gesellschaftlichen Urteilskraft. Frankfurt / Main: Suhrkamp.

Beauvoir, Simone de (2000): Das Alter. Reinbek bei Hamburg: Rowohlt.

Beauvoir, Simone de (1951): Das andere Geschlecht. Sitte und Sexus der Frau. Reinbek bei Hamburg: Rowohlt.

Bebel, August (1879): Die Frau und der Sozialismus. Berlin: Verlag der Volksbuchhandlung.

Castoriadis, Cornelius (1993): Vom Elend der Ethik. Die Flucht aus der Politik und die Suche nach Autonomie. In: Lettre International, Nr. 23.

Castoriadis, Cornelius (1984): Gesellschaft als imaginäre Institution. Entwurf einer politischen Philosophie. Frankfurt / Main: Suhrkamp.

Cavero, Adriana (1997): Relating Narratives. London: Routledge.

Cohn, Ruth (1984): Von der Psychoanalyse zur Themenzentrierten Interaktion. Von der Behandlung einzelner zu einer Pädagogik für alle. Stuttgart: Klett Cotta.

Collins, Patricia Hill (1998): It's All in the family: Intersections of Gender, Race and Nation. Hypatia. S. 62–82. Online unter: http://citeseerx.ist.psu.edu/viewdoc/download?doi=10.1.1.457.6652&rep=rep1&type=pdf. [letzter Zugriff: 16.12.2023].

Crenshaw, Kimberlé (2004): Intersectionality: The double bind of Race and Gender. Interview with Kimberlé Crenshaw. American Bar Association.

Crenshaw, Kimberlé (1989): Demarginalizing the Intersection of Race and Sex. A Black Feminist Critique of Antidiscrimination Doctrine. In: Anne Phillips (Hrsg.), Feminism and politics Oxford: Oxford University Press, S. 314–343.

Czollek, Jonathan (2021): Demokratische Bildung auf praktischer und struktureller Ebene. In: Martin Dabrowski / Patricia Ehret / Mark Radtke (Hrsg.), Demokratie – Gerechtigkeit – Partizipation. Paderborn: BRILL, Ferdinand Schöningh.

Czollek, Jonathan (im Erscheinen): Leider sind wir nicht die Guten: Diversitätssystemische Therapie und Beratung gegen Rassismus. *Familiendynamik*. Netzwerk Diversitätspsychologie. Online unter: https://www.diversitaetspsychologie.de/ver%C3%B6ffentlichungen [letzter Zugriff: 16.12.2023].

Czollek, Jonathan (im Erscheinen): Ein vorläufiges Modell Diskriminierungskritischer Psychotherapie und Beratung: Eine intersektionale und diversitätspsychologische Perspektive. In: Sabrina Saase, Audrey Namdiero-Walsh, Andrés González Axthammer, Kira Dücker & Sophia Schlör (Hrsg.), Intersektionalitätsinformierte Therapie und Beratung: Zwischen Haltungen, (Kompetenzlosigkeits-)Kompetenzen und anderen Un_Möglichkeiten therapeutischer Praxis. Nomos.

Czollek, Jonathan / Eifler, Naemi / Czollek, Leah Carola / Kaszner, Corinne / Perko, Gudrun / Czollek, Max (2021): 68 Trainingskarten Social Justice und Diversity. Für eine Gesellschaft der Radikalen Vielfalt. (Inklusive digitaler Version). Weinheim / Basel: Beltz / Juventa.

Czollek, Max / Czollek, Leah Carola / Czollek, Jonathan / Eifler, Naemi / Kaszner, Corinne / Perko, Gudrun (2023): Social Justice und Radical Diversity. Antidiskriminierung in der pluralen Gesellschaft. In: Albert Scherr / Aladin El-Mafaalani / Anna C. Reinhardt (Hrsg.), Handbuch Diskriminierung. 2. Auflage. Wiesbaden: Springer VS 20.

Czollek, Leah Carola / Laubinger, Kelly / Perko, Gudrun (2023): Unsere Feinde sind woanders. Verbündet-Sein und Bündnisse in finsteren Zeiten. In: Stimme. Zeitschrift der Initiative Minderheiten. Nr. 128, S. 11–13. Online unter: https://institut-social-justice.org/artikel/ [letzter Zugriff: 16.12.2023].

Czollek, Leah Carola / Perko, Gudrun (2022): Was bedeutet Intersektionalität, was bedeutet Systemische Intersektionalität? In: Elizabeth Beloe, Dr. Peyman Javaher-Haghighi, Cemalettin Özer, Adama Logosu-Teko, Elina Chernova, Agir Mustafa Birhîmeoglu, Emiliano Chaimite, Mohamed Lamine Conté, Rolf Graser Elizabeth (Hrsg.), Praxishandbuch. Konstruktiv handeln in der Migrationsgesellschaft. Berlin: WIRmachenDRUCK GmbH, S. 29–32. Online unter: https://wirsind-viele.de/fileadmin/user_upload/22_10_26_Praxishandbuch_Webversion.pdf [letzter Zugriff: 16.12.2023].

Czollek, Leah Carola / Perko, Gudrun (2020): Ein Manifest zur konkreten Utopie *Radical Diversity*. In: Gudrun Perko (2020), Social Justice und Radical Diversity: Veränderungs- und Handlungsstrategien. Weinheim / Basel: Beltz / Juventa, S. 89–93.

Czollek, Leah Carola / Perko, Gudrun / Kaszner, Corinne / Czollek, Max (2019): Praxishandbuch Social Justice und Diversity. Theorien, Training, Methoden, Übungen (2. überarbeitete und stark erweiterte Auflage). Weinheim / Basel: Beltz / Juventa.

Czollek, Leah Carola (2018): Gender in der Beratung als Handlungsfeld der Sozialen Arbeit. In: Davina Höblich / Heidrun Schulze / Marion Mayer (Hrsg.), Macht – Diversität – Ethik in der Beratung: wie Beratung Gesellschaft macht. Berlin: Budrich, S. 126–137.

Leah Carola Czollek (2017): Geschichtsvergessenheit und Rechtfertigung für Hass. Vergegenwärtigung: BDS und Pinkwashing. In: Stimme. Zeitschrift der Initiative Minderheiten. Nr. 104.

Wien, S. 23–24. Online unter: https://institut-social-justice.org/artikel/ [letzter Zugriff: 16.12.2023].
Czollek, Leah Carola/Perko, Gudrun/Kaszner, Corinne/Czollek, Max (2017): Radical Diversity und Desintegration. Bausteine eines künstlerisch-politischen Projekts. In: Jalta. Positionen zur jüdischen Gegenwart. 02/17. Berlin, S. 71–77.
Czollek, Leah Carola/Perko, Gudrun/Weinbach, Heike (2012): Praxishandbuch Social Justice und Diversity. Theorien, Training, Methoden, Übungen. Weinheim, Basel: Beltz/Juventa.
Czollek, Leah Carola/Perko, Gudrun/Weinbach, Heike (2011): Radical Diversity im Zeichen von Social Justice. Philosophische Grundlagen und praktische Umsetzung von Diversity in Institutionen. In: Maria do Mar Castro Varela/Nikita Dhawan (Hrsg.), Soziale (Un)Gerechtigkeit. Kritische Perspektiven auf Diversity, Intersektionalität und Antidiskriminierung. Berlin: Lit-Verlag, S. 260–277.
Czollek, Leah Carola/Perko, Gudrun (2006): Mahloquet als integrative Methode des Dialoges: ein Mediationsverfahren in sieben Stationen. In: perspektive mediation. Beiträge zur Konflikt-Kultur 4/2006, Wien: S. 192–197.
Czollek, Leah Carola (2003): Am Anfang war das Wort. Aspekte jüdischen Dialoges und die Vielstimmigkeit von Multikulturalismus. In: Leah Carola Czollek/Gudrun Perko (Hrsg.), Verständigung in finsteren Zeiten. Interkulturelle Dialoge statt "Clash of Civilizations". Köln: PapyRossa: S. 44–64.
Czollek, Max/Kaszner, Corinne (2021): Pluralität Zweiter Stufe. Zu einem Denken des Radical Diversity. In: Renk. Magazin 3, S. 130–145.
Fisher, Roger/Ury, William/Patton, Bruce (2013): Das Harvard-Konzept. Der Klassiker der Verhandlungstechnik. Frankfurt/Main: Campus.
Franz, Herrmann (2013): Konfliktkompetenz in der Sozialen Arbeit. Neun Bausteine für die Praxis. München/Basel: Reinhardt.
Franz, Herrmann (2006): Konfliktarbeit. Theorie und Methodik Sozialer Arbeit in Konflikten. Wiesbaden: VS.
Glasl, Friedrich (2002a): Selbsthilfe in Konflikten. Konzepte, Übungen, Praktische Methoden. Bern: Haupt.
Glasl, Friedrich (2002b): Konfliktmanagement. Ein Handbuch für Führungskräfte, Beraterinnen und Berater. Bern/Stuttgart: Haupt.
Großmaß, Ruth/Perko, Gudrun (2011): Ethik für soziale Berufe. Paderborn: Schöningh/UTB.
Hastedt, Heiner (2005): Gefühle. Philosophische Bemerkungen. Stuttgart: Reclam.
Hemingway, Ernest (1957): Tod am Nachmittag. Hamburg: Rowohlt.
Hilger, Janna Mareike (2023): Safe Space: Sorge und Kritik nach Michel Foucault und Eve Sedgwick. Frankfurt/Main: Campus.
Hooks, Bell (2000): Where we stand. Class matters. New York: Routledge.
International Federation of Social Workers (IFSW)/International Association of Schools of Social Work (IASSW) (2010): Ethik in der Sozialen Arbeit – Darstellung der Prinzipien [deutsche Übersetzung von Andreas Lienkamp]. Berlin: KHSB. Online unter: http://www.lienkamp-berlin.de/resources/IFSW-IASSW_Ethics_in_Social_Work_2004_engl-dt.pdf [letzter Zugriff: 16.12.2023].
Initiative Hochschullehrender zu Sozialer Arbeit in Gemeinschaftsunterkünften (2016): Positionspapier: Soziale Arbeit mit Geflüchteten in Gemeinschaftsunterkünften. Professionelle Standards und sozialpolitische Basis. Alice Salomon Hochschule. Online unter: www. http://www.fluechtlingssozialarbeit.de/ [letzter Zugriff: 16.12.2023].
Institut für Diversitätspsychologie (Hrsg., 2023): Was ist Diversitätspsychologie? Online unter: https://www.diversitaetspsychologie.de/was-ist-diversit%C3%A4tspsychologie [letzter Zugriff: 16.12.2023].
Jaspers, Karl (1973): Philosophie. Bd. 3. Berlin/Heidelberg/New York: Springer, S. 219–236.

Kanis, Steffen (2013): Welcome Diversity! Ausbildung erweitern. In: Spektrum der Mediation. Fachzeitschrift des Bundesverbandes der Mediation (Hrsg.). Nr. 49: S. 53–55.

Kant, Immanuel (1957): Kritik der Urteilskraft. Wiesbaden: Suhrkamp.

Kast, Verena (1985): Vom Sinn des Ärgers. Stuttgart: Kreuz.

Kaszner, Corinne (2022): The Social Justice and Radical Diversity Approach. Combining Structural Analysis and Transformative Practice. In: Genealogy + Critique 8, no. 1, S. 1–23. DOI: https://doi.org/10.16995/gc.9235 [letzter Zugriff: 16.12.2023].

Kaszner, Corinne / Peaceman, Hannah (im Erscheinen): Antidiskriminierung und inklusive Praxen in der Philosophie – ein Leitfaden. *DGPhil* „Philosophie und Diversität". Online unter: https://www.dgphil.de/ags/vorstand/philosophie-und-diversitaet [letzter Zugriff: 16.12.2023].

Kleve, Heiko (2003): Mediation – Eine systemische Methode Sozialer Arbeit. In: Heiko Kleve, Sozialarbeitswissenschaft, Systemtheorie und Postmoderne. Grundlegungen und Anwendungen eines Theorie- und Methodenprogramms. Freiburg / Br.: Lambertus, S. 170–191.

Konersmann, Ralf (1999): Die Augen der Philosophen. Zur historischen Semantik und Kritik des Sehens. In: Ralf Konersmann (Hrsg.), Kritik des Sehens. Leipzig: Reclam: S. 9–47.

Knapp, Gudrun Axeli / Wetterer, Angelika (Hrsg., 1999): Achsen der Differenz. Gesellschaftstheorie und feministische Kritik. Münster: Westfälisches Dampfboot.

Lévinas, Emmanuel (1999): Die Spur des Anderen. Untersuchungen zur Phänomenologie und Sozialphilosophie. Freiburg / Breisgau: Alber.

Lévinas, Emmanuel (1991): Außer sich. Meditationen über Religion und Philosophie. München: Carl Hanser.

Lucas, Laila Lucia (2023): Von migrationsgesellschaftlichen Konfliktverhältnissen zu bedrohlichem Konfliktverhalten – eine rassismuskritische Studie zu Mediation im Kontext von Flucht (unveröffentlichte Dissertation an der Carl von Ossietzky Universität Oldenburg, Fakultät I – Bildungs- und Sozialwissenschaften). Oldenburg.

Manns, Milena (2009): Mediating Diversity = Diversifying Mediation. In: Spektrum der Mediation. Fachzeitschrift des Bundesverbandes der Mediation (Hrsg.). Nr. 33. S. 22–24.

Marx, Ansgar (2015): Mediation und Konfliktmanagement in der Sozialen Arbeit. Grundwissen Soziale Arbeit. Stuttgart: Kohlhammer.

Mayer, Claude-Hèlène (2006): Trainingshandbuch. Interkulturelle Mediation und Konfliktlösung. Münster: Waxmann.

Mendelssohn, Moses (Übersetzung, 2001): Tora. Berlin: Jüdische Verlagsanstalt.

Nussbaum, Martha (2014): Politische Emotionen. Warum Liebe für Gerechtigkeit wichtig ist. Berlin: Suhrkamp.

Pauer-Studer, Herlinde (2003): Einführung in die Ethik, Wien: utb.

Perko, Gudrun / Czollek, Leah Carola (2023): Das Konzept des Verbündet-Seins und Bündnisse als Handlungs- und Veränderungsstrategien in queer-/feministischen Kontexten. In: Kirstin Mertlitsch / Brigitte Hipfl / Verena Kumpusch / Pauline Roeseling (Hrsg.), Intersektionale Solidaritäten. Beiträge zur gesellschaftskritischen Geschlechterforschung. Leverkusen: Barbara Budrich.

Perko, Gudrun (2023): Demokratie und Diversity in der Arbeitswelt. Eine kritische Betrachtung aus der Perspektive des Konzeptes Social Justice und Radical Diversity. In: izbd² (Hrsg.), D²-Sourcebook Demokratie und Diversity in Betrieb(en), Augsburg, i. E. Online unter: https://tuerantuer.de/wp-content/uploads/2023/11/D2-Sourcebook_onlineversion.pdf [letzter Zugriff: 16.12.2023].

Perko, Gudrun (Hrsg., 2023): Konfliktbearbeitung in der Sozialen Arbeit: Eine qualitative Studie (unveröff. Forschung. Bearbeitung: Dieu Linh Nui, Laura Griesbach, Vlada Grigorieva, Helena Liederwald, Saskia Ranwig, Katrin Steffanie Schwarz Garvet, Antonia Stetefeld, Anna Vogel, Angelic Welz, Wenke Wulf). Potsdam: Fachhochschule Potsdam. Online unter: https://www.fh-potsdam.de/hochschule-netzwerk/personen/gudrun-perko [letzter Zugriff: 16.12.2023].

Perko, Gudrun / Czollek, Leah Carola (2022): Lehrbuch Gender, Queer und Diversity (2., vollständig überarbeitete und erweiterte Aufl.). Weinheim / Basel: Beltz / Juventa.

Perko, Gudrun / Czollek, Leah Carola / Eifler, Naemi (Hrsg., 2021): Antisemitismus als Aufgabe für die Schulsoziarbeit. Expert_innen im Gespräch. Weinheim / Basel: Beltz / Juventa.

Perko, Gudrun (2020): Social Justice und Radical Diversity: Veränderungs- und Handlungsstrategien. Weinheim / Basel: Beltz / Juventa.

Perko, Gudrun (Hrsg., 2020): Antisemitismus in der Schule. Handlungsmöglichkeiten der Schulsozialarbeit. Weinheim / Basel: Beltz / Juventa.

Perko, Gudrun (2020): Zeit zum kollektiven Handeln. *Bündnisse*. In: Gudrun Perko, Social Justice und Radical Diversity: Veränderungs- und Handlungsstrategien. Weinheim / Basel: Beltz / Juventa, S. 61–74.

Perko, Gudrun (2020): Polarisierende Identitätslogik und pluralisierende Magmalogik. In: Gudrun Perko, Social Justice und Radical Diversity: Veränderungs- und Handlungsstrategien. Weinheim / Basel: Beltz / Juventa, S. 77–87.

Perko, Gudrun (2018): Ethik in der Beratung mit Blick auf eine dirskriminierungskritische Beratung. In: Davina Höblich / Heidrun Schulze / Marion Mayer (Hrsg.), Macht – Diversität – Ethik in der Beratung: wie Beratung Gesellschaft macht. Berlin: Budrich, S. 111–125.

Perko, Gudrun (2017): Social Justice im Zeichen von Diversity, Pluralität und Perspektivenvielfalt: Philosophische Grundlagen für eine diskriminierungskritische Soziale Arbeit. In: Gudrun Perko (Hrsg.), Die Bedeutung der Philosophie in der Sozialen Arbeit, München / Weinheim: Beltz / Juventa, S. 48–69.

Perko, Gudrun / Czollek, Leah Carola (2017): Verbündet-Sein im Konzept „Social Justice und diskriminierungskritisches Diversity". In: Ayça Polat (Hrsg.), Migration und Soziale Arbeit, Lehrbuchreihe „Grundwissen Soziale Arbeit". Kohlhammer: Heidelberg, S. 130–139.

Perko, Gudrun (2016): Pluralität – Konfliktpotentiale – Chancen. Leitfaden für die Umsetzung von Diversity an Hochschulen. Reihe: Atmosphäre der Anerkennung [Broschüre]. Gleichstellungsrat der Fachhochschule Potsdam (Hrsg.). Potsdam: Fachhochschule Potsdam.

Perko, Gudrun / Leah Carola Czollek (2014): Das Konzept des Verbündet-Seins im Social Justice als spezifische Form der Solidarität. In: Anne Broden / Paul Mecheril (Hrsg.), Solidarität in der Migrationsgesellschaft. Befragung einer normativen Gruppe. Bielefeld: transcript, S. 153–167.

Perko, Gudrun (2013): Social Justice – eine (Re)Politisierung der Sozialen Arbeit. In: Ruth Großmaß / Roland Anhorn (Hrsg.), Perspektiven kritischer Sozialer Arbeit. Kritik der Moralisierung. Theoretische Grundlagen – Diskurskritik – Klärungsvorschläge für die berufliche Praxis. Perspektiven kritischer Sozialer Arbeit. Bd. 15. Wiesbaden: Springer VS, S. 227–241.

Perko, Gudrun / Czollek, Leah Carola (2012): Anerkennende Sprache. Ein politisches Essay. In: Stimme. Zeitschrift der Initiative Minderheiten. Wien Nr. 82, S. 18–19.

Perko, Gudrun (2004): Wie soll ich dich behandeln? Über das Ethos der Anerkennung als Grundlage des Dialoges. In: Alice-Salomon-Fachhochschule für Soziale Arbeit (Hrsg.), Quer. Lesen denken schreiben. Nr. 10, S. 6–15.

Perko, Gudrun (Hrsg., 1998): Mutterwitz. Das Phänomen Mutter – Eine Gestaltung zwischen Ohnmacht und Allmacht. Wien: Milena.

Pieper, Annemarie (2000): Einführung in die Ethik. Tübingen / Basel: utb.

Pieper, Annemarie / Thurnherr, Urs (1998): Angewandte Ethik. Eine Einführung. München: Beck.

Platon (2003): Timaios. Stuttgart: Reclam.

Ouaknin, Marc-Alain (1996): Eine Reise ins Paradies. Über das wägende Lesen des Talmud. In: Ruthard Stäblein (Hrsg.), Geduld. Die Kunst des Wartens. Frankfurt / Main: Fischer: S. 67–84.

Ouaknin, Marc-Alain (1990): Das verbrannte Buch. Den Talmud lesen. Weinheim / Berlin: Quadriga.

Rosenstiel, Lutz von (1980): Grundlagen der Organisationspsychologie. Basiswissen und Anwendungshinweise. Stuttgart: Schäffer-Poeschel.

Ruch, Floyd L./Zimbardo, Philip G. (1974): Lehrbuch der Psychologie. Eine Einführung für Studenten der Psychologie, Medizin und Pädagogik. Berlin: Springer.
Satir, Virginia M. (1991): Die psychotherapeutische Reise hinter das Sichtbare. In: Jeffrey K. Zeig (Hrsg.), Psychotherapie – Entwicklungslinien und Geschichte. Tübingen: DGVT.
Stehr, Johannes/Anhorn, Roland/Rathgeb, Kerstin (Hrsg., 2018): Konflikt als Verhältnis – Konflikt als Verhalten – Konflikt als Widerstand. Widersprüche der Gestaltung Sozialer Arbeit zwischen Alltag und Institution. Wiesbaden: Springer VS.
Stövesand, Sabine (2015): Konflikt Macht Politik. In: Sabine Stövesand/Dieter Röh (Hrsg.), Konflikte – theoretische und praktische Herausforderungen für die Soziale Arbeit. Opladen/Berlin/Toronto: Barbara Budrich, S. 32–46.
Strauß, Daniel (Hrsg., 2021): RomnoKher-Studie 2021. Ungleiche Teilhabe. Zur Lage der Sinti und Roma in Deutschland. Gefördert durch die Stiftung „Erinnerung, Verantwortung und Zukunft". Mannheim: RomnoKher.
Staub-Bernasconi, Silvia (2003): Soziale Arbeit als (eine) „Menschenrechtsprofession". In: Richard Sorg (Hrsg.), Soziale Arbeit zwischen Politik und Wissenschaft. Berlin/Münster/Wien/Zürich/London: Lit. Verlag, S. 17–54.
Taylor, Charles (1993): Multikulturalismus und die Politik der Anerkennung. Frankfurt/Main: Suhrkamp.
Thiersch, Hans (2020): Lebensweltorientierte Soziale Arbeit – revisited. Weinheim/Basel: Beltz Juventa.
Varga von Kibéd, Matthias/Sparrer, Insa (2023): Ganz im Gegenteil. Tetralemma-Arbeit und andere Grundformen Systemischer Strukturaufstellungen. Heidelberg: Carl Auer.
Watzlawick, Paul (2011): Man kann nicht nicht kommunizieren. Das Lesebuch. Bern: Verlag Hans Huber.
Watzke, Ed (2008): „Wahrscheinlich hat diese Geschichte gar nichts mit Ihnen zu tun ...". Geschichten, Metaphern, Sprüche und Aphorismen in der Mediation. Mönchengladbach: Forum Verlag Godesberg.
Watzke, Ed (1997): Äquilibristischer Tanz zwischen Welten. Neue Methoden professioneller Mediation. Bonn/Mönchengladbach: Forum Verlag Godesberg.
Winker, Gabriele/Degele, Nina (2009): Intersektionalität. Zur Analyse sozialer Ungleichheiten. Bielefeld: transcript.
Young, Iris Marion (1990): Justice and the Politics of Difference. Princeton: Princeton University Press.
Young, Iris Marion (1996): Fünf Formen der Unterdrückung. In: Herta Nagl-Docekal/Herlinde Pauer-Studer (Hrsg.), Politische Theorie. Differenz und Lebensqualität. Frankfurt/Main: Suhrkamp, S. 99–139.
Zetkin, Clara (1989): Für die Befreiung der Frau! Rede auf dem Internationalen Arbeiterkongress zu Paris (19. Juli 1989). Online unter: https://www.marxists.org/deutsch/archiv/zetkin/1889/07/frauenbef.htm [letzter Zugriff: 16.12.2023].

Internetquellen und Videoaufnahmen

DIE Zeitschrift für Erwachsenen(weiter)bildung (1/2015 Bielefeld. Online unter: http://www.die-bonn.de/id/31268 [letzter Zugriff: 16.12.2023].

Institut Social Justice und Radical Diversity: https://institut-social-justice.org/ausbildung/ [letzter Zugriff: 16.12.2023].

Perko, Gudrun (2021): Vortrag „Sprache und Gerechtigkeit", 50. Römerberggesprächen „Sprache. Macht. Gerechtigkeit. Wer darf wie reden?" am 6. November 2021 im Chagallsaal des Schauspiel Frankfurt. Online unter: https://www.youtube.com/watch?v=nPljj-vB59o [letzter Zugriff: 16.12.2023].

Web-web „Kompetenz für Erwachsenen- und Weiterbildner/innen" (2023): Störungen und Konflikte in der Erwachsenen(weiter)bildung. Online unter: https://wb-web.de/material/lehren-lernen/storungen-und-konflikte-in-der-Erwachsenen(weiter)bildung.html [letzter Zugriff: 16.12.2023].

Mediationslehrfilme

Gudrun Perko/Leah Carola Czollek/Johanna Pohland mit Student*innen der Fachhochschule Potsdam, Studiengang Sozial- und Bildungswissenschaften (2019 – 2021): Mediationslehrfilme

Klassische Mediation: Online unter: https://www.youtube.com/watch?v=m2mWtFH5jEE [letzter Zugriff: 16.12.2023].

Diversity orientierte Mediation, der Fall Sahid und die Machloketsche Mediation: Online unter: https://www.youtube.com/watch?v=ouw2NNABhc8 [letzter Zugriff: 16.12.2023].

Diversity orientierte Mediation, ethisch-dialogische Haltung der Mediatior*innen in der Machloketschen Mediation: Online unter: https://www.youtube.com/watch?v=Pvw2fqPDm4w [letzter Zugriff: 16.12.2023].

Maxi in der Schule, eine systemische und Diversity orientierte Onlinemediation: Online unter: https://www.youtube.com/watch?v=c3US2oLDmao [letzter Zugriff: 16.12.2023].

Mediationsreader

Erarbeitet von Student*innen der Fachhochschule Potsdam, Studiengang Sozial- und Bildungswissenschaften:

Konfliktbearbeitung in der Sozialen Arbeit: Diversityorientierte Mediation (2019/2020)

Konfliktbearbeitung in der Sozialen Arbeit: Diversityorientierte Mediation (2020/2021). Online unter: https://www.fh-potsdam.de/hochschule-netzwerk/personen/gudrun-perko [letzter Zugriff: 16.12.2023].

Kartenset zum Thema Diskriminierung

Jonathan Czollek, Naemi Eifler, Leah Carola Czollek, Corinne Kaszner, Gudrun Perko, Max Czollek (2021): 68 Trainingskarten. Social Justice und Diversity. Für eine Gesellschaft der Radikalen Vielfalt, Beltz / Juventa, Weinheim / Basel.

7. Anhang

7.1 Arbeits- bzw. Praxisfelder der Sozialen Arbeit

In der Sozialen Arbeit haben wir es häufig mit Konflikten zu tun: unter Sozialarbeitenden, mit dem Träger, mit den Menschen, mit denen wir arbeiten etc. Konflikte und auch Diskriminierungskonflikte können in allen Arbeits- bzw. Praxisfeldern der Sozialen Arbeit auftreten. Diese sind sehr umfänglich, wie folgende Aufzählung exemplarisch verdeutlicht. (Siehe Perko/Czollek 2022: 201 ff.)

Soziale Arbeit mit Kindern und Jugendlichen, u. a.

1. Kindertagesstätten (Kinderkrippe, Kindergarten, Hort)
2. Tagespflege
3. Erziehungsberatungsstelle
4. Kinderwohngruppe, Kinderhaus, Kinderheim, Heim für Kinder mit Behinderung, Beeinträchtigungen
5. Tageseinrichtungen für Kinder mit Behinderung, Beeinträchtigungen
6. Soziale Dienste der Früherkennung/Frühförderung für entwicklungsverzögerte Kinder
7. Kinderschutzzentren/Anlauf- und Beratungsstellen für Kinder mit Missbrauchserfahrungen; Telefonnotruf
8. Hilfen zur Erziehung für Kinder und Jugendliche (HzE)
9. Einzelfallhilfe
10. Soziale Gruppenarbeit (HzE)
11. Sozialpädagogische Familienhilfe (HzE)
12. Tagesgruppe (HzE)
13. Heimerziehung und betreute Wohnformen (HzE)
14. Intensive Sozialpädagogische Einzelhilfe (HzE)
15. Sozialplanung
16. Offene Jugendarbeit in Jugendzentren, Jugendclubs
17. Jugendkulturarbeit/Jugendverbandsarbeit
18. Jugendfreizeiten/Jugendferienmaßnahmen
19. Schulsozialarbeit
20. Erlebnispädagogik
21. Mobile Jugendarbeit
22. Streetwork
23. Präventionsarbeit: Sucht, Gewalt, Gesundheit, Sexualpädagogik
24. Jugendwohnheime, Jugendberufshilfe: Berufsberatung, Beschäftigungs- und Arbeitslosenprojekte und Initiativen
25. Jugendgerichtshilfe

26. Jugendstrafanstalt
27. Notschlafstellen, Aufnahmeheime für wohnungslose/obdachlose Jugendliche
28. Übergangseinrichtungen
29. Suchtberatungsstellen, Drogentherapieeinrichtungen
30. Rehabilitationseinrichtungen für junge Menschen mit gesundheitlichen Beeinträchtigungen
31. Berufsbildungswerke

Soziale Arbeit mit Familien, u. a.

1. Allgemeiner Sozialer Dienst in Jugend-, Sozial- oder Gesundheitsämtern
2. Familienhilfe
3. Trennungs- und Scheidungsberatung / Mediation
4. Ehe-, Familien- und Lebensberatungsstellen
5. Familienferienwerke
6. Familienbildungsstätten
7. Elternschulen
8. Sozialplanung
9. Schuldner*innenberatungstellen

Soziale Arbeit mit Migrant*innen, Aussiedler*innen, geflüchteten Menschen, u. a.

1. Wohnheime, Gemeinschaftsunterkünfte, Durchgangswohnheime
2. Beratungsstellen für geflüchtete Menschen
3. Beratungsstellen für Migrant*innen

Soziale Arbeit mit Menschen mit Erkrankungen und Behinderungen

1. Tageseinrichtungen
2. Wohnheime, Wohngemeinschaften
3. Werkstätten (WfB)
4. Soziale Dienste bei Krankenkassen und Rentenversicherungsträger
5. Krankenhaussozialdienste
6. Sozialpsychiatrische Beratungsstellen
7. Psychosoziale Dienste
8. Psychiatrische Ambulanzen
9. Tageskliniken
10. Suchtberatungsstellen
11. Therapieeinrichtungen: psychosomatische Kliniken, Suchtkliniken etc.

Soziale Arbeit mit Frauen, Männer, Queers u. a.

1. Frauenberatungsstellen (Schwangerschaftskonfliktberatung, häusliche Gewalt, Psychosomatik, Essstörungen
2. Frauenhäuser

3. Mutter-Kind-Heim / Müttererholungsheime
4. Männerberatungsstellen
5. Beratungsstellen für LGBTQ-Personen
6. Beratungsstellen in Bezug auf Diskriminierungserfahrungen (Rassismus, Antisemitismus etc.)

Soziale Arbeit mit alten Menschen, u. a.

1. Offene Altenhilfe: Altenclubs, Altentagesstätten, Beratungsstelle
2. Altenheime, Altenpflegeheime, alternative Wohnformen
3. Geriatrische und gerontopsychiatrische Kliniken
4. Sterbebegleitung / Hospize stationär und ambulant
5. Interkulturelle Projekte (z. B. Wohn- / Pflegeheim)

Soziale Arbeit: Beruf und Bildung, u. a.

1. Berufsberatung
2. Betriebliche Sozialarbeit / Bundeswehrsozialarbeit
3. Beratungsstellen
4. Berufsförderungsmaßnahmen
5. Arbeits- und Beschäftigungsinitiativen
6. Anlauf- und Beratungsstellenstellen für Sexarbeiter*innen

Soziale Arbeit mit Menschen ohne Wohnung, u. a.

1. Anlauf- und Kontaktstellen
2. Notschlafstellen, Wohnheime
3. Bahnhofsmissionen
4. Streetwork

Soziale Arbeit mit Menschen in Konflikt mit dem Gesetz, u. a.

1. Sozialdienste in Justizvollzugsanstalten
2. Bewährungshilfe
3. Ehrenamtliche Straffälligenhilfe
4. Heime und Wohngemeinschaften

Soziale Arbeit: Straffälligkeit, u. a.

1. Bewährungshilfe
2. Jugendstrafanstalten

Soziale Arbeit: Gesundheit

1. Stationäre Einrichtungen (Krankenhäuser, Pflegeheime etc.)
2. Klinische Sozialarbeit
3. Betreute Wohnheime

Soziale Arbeit im Gemeinwesen

1. Stadtteilarbeit/Quartiersmanagement
2. Gemeinwesenarbeit

Soziale Arbeit als Bildungsarbeit, u. a.

1. Soziale Gruppenarbeit
2. Diskriminierungskritische Bildungsarbeit
3. Jugend- und Erwachsenen(weiter)bildungsbereichen
4. Volkshochschulen

Internationale Soziale Arbeit/Entwicklungsarbeit, u. a.

1. Menschenhandel, Frauenhandel, Kinderhandel
2. Entwicklungshilfeorganisationen

7.2 Module der Erwachsenenweiterbildung „Social Justice und Diversity"

Die Erwachsenenweiterbildung „Social Justice und Diversity" an der Zentralen Einrichtung Weiterbildung der Fachhochschule Potsdam wird in Form von neun Modulen mit spezifischen Themenschwerpunkten durchgeführt und endet mit einem Hochschulzertifikat in Zusammenarbeit mit dem unabhängigen Institut „Social Justice und Radical Diversity" (siehe https://institut-social-justice.org/ausbildung/).

Modul 1
Einführung in Social Justice und Diversity
Basics des Trainings: Bedeutung, Methoden, Inhalte

Modul 2
Klassismus
Welche Rolle spielt soziale Herkunft?

Modul 3
Diskriminierung Ost
Wir kennen uns und kennen uns doch nicht?

Modul 4
Antisemitismus
Wie tief sind Stereotype und Fantasien über „Andere" am Beispiel von Antisemitismus in der Kultur verankert?

Modul 5
Rassismus
Was bedeutet Rassismus und wie entstehen die „Anderen“?

Modul 6
Ableismus
Welche Rolle spielen Normen von Körper und Gesundheit und welche Bilder sind daran geknüpft?

Modul 7
Gender / Queer (Sexismus / Heterosexismus)
Wie wirkmächtig sind Vorstellungen von Geschlecht und Geschlechterpluralität?

Modul 8
Altersdiskriminierung
Adultismus (Kinder und Jugendliche) und Ageismus (ältere Menschen): Wie werden Kinder und wie werden ältere Menschen behandelt?

Modul 9
Perspektivenverschiebung und Empowermentstrategien (und Supervision / Kolloquium)
Welche Strategien und Handlungsoptionen gibt es gegen strukturelle Diskriminierung?

8. Danke

Das Verfassen eines Buches ist nie nur Verdienst einer einzelnen Person. Beteiligt sind immer auch andere Personen, Gespräche mit ihnen und Gedanken von ihnen, die eigene Ideen ermöglichen und verfestigen. Ihnen gilt mein herzlicher Dank.

In erster Linie gilt mein Dank Leah Carola Czollek für das jahrelange gemeinsame und intensive Arbeiten in der Erwachsenenweiterbildung „Social Justice und Diversity", die wir entwickelten, in Hochschulseminaren zu Mediation, für das gemeinsame Entwerfen und Konzipieren von Theorien, Konzepten und Methoden wie beispielsweise das Diskriminierungskritische Mediationsverfahren und insgesamt für die vielen beflügelnden und inspirierenden Gespräche und Vieles mehr.

Mein Dank gilt den weiteren Wegbestreiter*innen des Institutes „Social Justice und Radical Diversity", Corinne Kaszner und Max Czollek, mit denen wir „Social Justice und Diversity" weitergesponnen und intensiv konkretisiert haben. Danke auch Naemi Eifler, Jonathan Czollek und Lucy Wagner, mit denen wir im Ausbildungsteam Konflikte in den einzelnen Kursen der Weiterbildung nicht nur ausgesessen, sondern in letzter Zeit auch in Windeseile Konfliktbearbeitungsmethoden ausgetüftelt und angewendet haben – zumeist mit Erfolg.

Danke auch an Diana Sandrine Kunis und Betiel Berhe, die bei uns die Ausbildung zur „Social Justice und Diversity Trainerin" gemacht und danach das Schwesterninstitut „Social Justice Institut München" gegründet haben. Mein Dank gilt auch Hakan Gürses für die vielen Gespräche über die Herausforderungen in der politischen Bildung und im Erwachsenenweiterbildungsbereich.

Mein Dank gilt schließlich den Student*innen des Fachbereiches Sozial- und Bildungswissenschaften der Fachhochschule Potsdam, die über die Jahre in verschiedenen Reallaboren Mediationslehrfilme, Mediationsreader und ein Kartenset hergestellt haben und die sich immer wieder auf das Ausprobieren neuer Ideen und Zugänge eingelassen haben.

9. Über die Autorin

Gudrun Perko, Prof. Dr. , Philosophin, Mediatorin und Professorin für Sozialwissenschaften mit den Schwerpunkten Gender, Diversity und Mediation an der Fachhochschule Potsdam (Fachbereich Sozial- und Bildungswissenschaften).

Gudrun Perko hat Soziale Arbeit studiert, arbeitete als Sozialarbeiterin in verschiedenen Arbeitsfeldern, studierte danach Philosophie an der Universität Wien, war zwischen 1996 und 2010 freiberuflich als Philosophin, Mediatorin, Universitätslektorin und im Erwachsenenbildungsbereich tätig (siehe: https://www.fh-potsdam.de/hochschule-netzwerk/personen/gudrun-perko). 2001 entwickelte sie gemeinsam mit Leah Carola Czollek und Heike Weinbach das Erwachsenenweiterbildungskonzept „Social Justice und Diversity“, das ab 2018 gemeinsam mit Leah Carola Czollek, Corinne Kaszner und Max Czollek weiterentwickelt wurde. Sie ist Mitbegründerin und mit Leah Carola Czollek und Corinne Kaszner Leiterin des Instituts „Social Justice und Radical Diversity“ und Ausbildnerin des Konzepts „Social Justice und Diversity“ (siehe: www.insitut-social-justice.org.)

Lehr-, Forschungs- und Publikationsschwerpunkte: Sozialphilosophie / Sozialwissenschaften, politische Philosophie, Ethik, Gender / Queer, Social Justice und Diversity, diskriminierungskritische Soziale Arbeit, diskriminierungskritische Mediation.

Letzte Publikationen, u. a.: Leah Carola Czollek / Gudrun Perko / Corinne Kaszner / Max Czollek: Praxishandbuch Social Justice und Diversity. Theorien, Training, Methoden, Übungen, vollständig und stark überarbeitete Neuauflage (Erstveröffentlichung 2012), Weinheim / Basel: Beltz / Juventa 2019; Gudrun Perko: Social Justice und Radical Diversity: Veränderung- und Handlungsstrategien, Weinheim / Basel: Beltz / Juventa 2020; Gudrun Perko: Antisemitismus in der Schule. Handlungsmöglichkeiten der Schulsozialarbeit, Weinheim / Basel: Beltz / Juventa 2020; Gudrun Perko / Leah Carola Czollek / Naemi Eifler: Antisemitismus als Aufgabe für die Schulsoziarbeit. Expert_innen im Gespräch, Beltz / Juventa, Weinheim / Basel 2021; Gudrun Perko / Leah Carola Czollek: Lehrbuch Gender, Queer und Diversity. 2. vollständig überarbeitete und erweiterte Auflage, Weinheim / Basel, Beltz / Juventa 2022; Leah Carola Czollek / Gudrun Perko: Antiromaismus und Antisintiismus. Diskriminierungsrealitäten und Handlungsempfehlungen – Expert*innen im Gespräch, Weinheim / Basel, Beltz / Juventa 2023. (Weitere Publikationen, siehe: https://www.fh-potsdam.de/hochschule-netzwerk/personen/gudrun-perko)

Gudrun Perko | Leah Carola Czollek |
Naemi Eifler (Hrsg.)
Antisemitismus als Aufgabe für die Schulsozialarbeit
Expert_innen im Gespräch
2021, 150 Seiten, broschiert
ISBN: 978-3-7799-6468-1
Auch als E-BOOK erhältlich

Antisemitismus wird in der Schulsozialarbeit und im Studium der Sozialen Arbeit zu wenig thematisiert. Das Buch zeigt mithilfe von Antisemitismus-Expert_innen Wege und Strategien auf, um das zu ändern. In den einzelnen Beiträgen wird es immer wieder deutlich: Antisemitismus muss in der Schule wie auch in anderen gesellschaftlichen Bereichen wahrgenommen, erkannt und bekämpft werden. Dafür benötigen wir in der Sozialen Arbeit das nötige Wissen und Können, aber auch eine antisemitismuskritische Haltung. Der internationale Ethikkodex und das daraus entwickelte Konzept Diskriminierungskritische Soziale Arbeit fordern uns auf, Strategien aus dem Konzept »Social Justice und Diversity« der Policy Practice auch in Bezug auf Antisemitismus umzusetzen.

Mit Beiträgen von Sharon Adler, Debora Antmann, Miriam Burzlaff, Jonathan Czollek, Nina Coenen und Sami Alkomi, Kiana Ghaffarizad, Jana Kühn, Esther Lehnert, Heike Radvan, Peter Schüler und Romina Wiegemann.

www.beltz.de
Beltz Juventa · Werderstraße 10 · 69469 Weinheim